西郷隆盛とキリスト教信仰

舘 正彦

Takamori Saigo and Christianity

Masahiko Date

創立者の碑（1983年12月19日）

西郷隆盛とキリスト教信仰

まえがき

西郷隆盛の研究とその精神・敬天愛人の普及活動は、故郷鹿児島にある西郷南洲顕彰館を中心に続けられています。そこでは、西郷の遺品が展示され、歴史研究年報『敬天愛人』を毎年刊行しています。また、生前の西郷と交流のあった庄内藩（山形県）は『西郷南洲遺訓』をまとめ、その普及に努めています。

私が住んでいる、千葉県にある敬愛学園グループは敬愛大学（旧千葉敬愛大学）と短大、四つの高等学校、さらに幼稚園を擁し、西郷の座右の銘「敬天愛人」を建学の精神として「敬天愛人」精神の実践活動を行っています。鹿児島・山形・千葉は西郷研究三つの拠点に違いありません。

私は、西郷隆盛の主君であった薩摩藩主島津斉彬が、西洋人の精神研究のためにといって与えた「漢訳聖書」が西郷の生涯に及ぼした影響を新しい視点で、すなわち、西郷の内に宿ったキリスト教信仰について書かねばならないと思い立ち、拙い本書を上梓する次第です。

西郷隆盛とキリスト教信仰　目次

序章　千葉に生きる西郷精神
――敬天愛人への旅立ち

長戸路信行先生のこと

私が、敬愛大学学長・長戸路信行先生の遺稿集を出版したのは一九九五年の春でした。学園創設者・長戸路政司亡きあとは、娘婿の長戸路千秋氏が後継者となりました。彼は、カント研究の哲学者でしたが、敬天愛人思想の実践に取り組み、地域での学生・生徒の交流やボランティア活動を活発に行いました。

三代目を受け継いだのが信行先生でした。敬愛学園グループは千葉県内に大学と短大、四つの高校、さらに幼稚園と保育園を擁する県内有数の教育機関となっており、信行先生は千葉県私立学校協会の重鎮として私学振興にも貢献されました。

ところが、激務の中で病に倒れてしまいました。病状は回復せず死期を悟った先生は教え子のために遺稿集をまとめることを決意されたのです。

一九九四年の夏の終わりに、私は信行先生が校長を務める八日市場敬愛高校の角田叡教頭から遺稿集出版の依頼を受けました。当時の私は、出版社を営む傍ら、洋書輸入業者として大学と関係を持ち、敬愛大学の生涯学習講座で講師を務めるなど、教職員とは親しい間柄でした。

信行先生とは研究室で何度か会っており、温厚で控え目な方という印象でした。角田教頭から預かった遺稿の数々を注意深く読んだ後、取材を兼ねて八日市場にある八日市場高等学校の角田教頭を訪ねました。大正一〇年（一九二一）に八日市場女学校として設立された名門校です。高台にある校舎の正面の校門前に立つと、白い二階建ての校舎がグラウンドを取り巻くように配置され、教室の窓からは出入りする人や車が見えます。校門の内側正面には黒い石碑が鎮座し「敬天愛人」とその英訳文字が刻まれていました。

信行先生が大学での仕事を終え、校長として校内に入るのは昼休み頃ですが、目ざとくその姿を見つけた生徒たちは、教室の窓に鈴なりになって「校長先生！校長先生」と叫ぶというのです。先生は、昼休みの時間を利用して毎回数人ずつ、一年がかりで二〇〇人ほどの三年生全員と面談し、一人ひとりの話に耳を傾け指導していました。そうした交流で生徒たちから深い信頼を得ていたのです。

遺稿の多くは、学園の情報誌に巻頭言として載せた短文でしたが、詩人でもあった彼の文章は優れたものでした。その中から四〇篇を選び出し、『野の花』という題で出版することにしました。聖書の「野の花を見よ」という句を引用したのでした。

信行先生は、学生時代に胸を患い、長野県小布施のサナトリウムでの長い闘病生活を余儀なくされました。そこで出会われたフランス人の宣教師からフランス語とキリスト教を学んだのです。そして、カトリック信徒として修道士のごとき独身の生涯を全うされたのでした。

長い闘病生活を終えた先生は、宣教師の導きもあり上智大学に入学し、卒業後は同大学でフランス語講師を務められました。やがて、父・政司先生が創立した敬愛大学（当時は千葉敬愛経済大学）でフランス語教授となり、その後敬愛学園グループを受け継ぎました。一人ひとりの生徒との交流を重んじ、八日市場敬愛高等学校校長も兼任していたのです。

ちなみに、先生のご両親はプロテスタントのキリスト教徒でした。

信行先生の容貌についての逸話があります。八日市場女子高校近くに、著名な仏師大川胤真（逞一）氏が住んでいました。信行先生は、熱心に請われて、仏像のモデルを務めることになりました。家庭を持たず、修道士のような生涯を送られた先生の内面に秘められた命の輝きを仏師が感じ取ったのでしょう。現在、新薬師寺に安置されている釈尊苦行像がそれです。生徒たちは、修学旅行で奈良の薬師寺でこの仏像に対面し歓声を上げたといいます。気高さの中に慈愛と強い意志を内に秘めた仏像です。

「敬天愛人」と西郷隆盛

遺稿集『野の花』に収められた「敬天愛人の説」には、西郷隆盛がキリスト教信仰を持っていたことを示そうとする信行先生の主張が込められています。引用してみます。

「敬天愛人」という語は『南洲遺訓』にも出ていますし、西郷自身も好んで揮毫したので、いまでは誰でも南洲の語だと思っています。諸橋轍次《てつじ》博士の大漢和辞典にも西郷南洲の語なりと説明されているそうです。

ところが、鹿児島大学発行の『鹿大史学』第一九号に載った沢田、増村両先生の研究によれば、どうもそうではないらしい。

中村敬宇（正直）といえば、明治の初めにサミュエル・スマイルズ原著『西国立志篇』の訳者として有名で、この本は明治四年（一八七一）より逐次刊行され、福澤諭吉の『西洋事情』などと並び称されるいわば明治時代のベストセラーとなった本です。その『西国立志篇』の緒論に「敬天愛人」の語が出ているのです。それより前、明治元年（一八六八）にすでに敬宇は漢文で「敬天愛人説」というのを書いているのですが、この論文はあまり人に知られていませんでした。

しかし、『西国立志篇』のほうは無数の人の目に触れたはずですし、現代でも明治の文学や思想を研究する人ならば目にする機会もあるはずです。

それにもかかわらず、長い間気づかれなかったというのは、西郷南洲のほうがあまりに有名になってしまったので、むしろ西郷から敬宇へ流れたものと漠然と考えられてしまったからではないでしょうか。中村敬宇のある伝記の中にも、「敬天愛人説」はちゃんと説明してあるのに、それを西郷と結びつけて説いてはいないのです。

ここでは沢田、増村先生の論文を詳しく紹介することはできませんが、その要点をかいつまんで述べてみます。第一に、敬天という語は中国の古典にしばしば現れますが、敬天愛人という四文字の結合したものは見当たらないという。西郷は漢学についてはかなり深く研究した人で「遺訓」にも中国古典からの引用が非常に多い。「敬天」に関する限り、西郷は中国の古典から学んだといってよいようです。

第二に、西郷は人に頼まれて筆をとるに際し、自作の詩文を書いたときにはただ「南洲」を署名し、他人の詩文を書いたときには必ず「南洲書」と署名しています。そして「敬天愛人」の書はちゃんと「南洲書」となっているというのです。

ただ、西郷の書にニセモノが多いことは周知の事実です。まずどれが本物かを考証しなければ署名を調べても意味がありません。

沢田、増村論文で一番苦労されたところは、おそらく本物の「南洲書」と確認することであったでしょう、これが第三の点です。

同論文に確実に南洲の真筆とされるものが三点挙げられていますが、いずれも明治六年ころから後の書で、それ以前には文字としても文章としても見当たらないといいます。

中村敬宇は慶応二年（一八六六）に幕府が派遣した留学生の監督としてロンドンに滞在し、キリスト教についても学ぶところがありました。帰国後は一時駿府に引退していましたが、その後、明治政府に出仕しました。明治七年（一八七四）には、キリスト教の洗礼を受けていますが、彼の「敬天愛人」という言葉には、キリスト教的考え方が込められていると想像されますが、西郷がキリスト教的な意味でこの語を用いたかどうかは研究の余地があります。

「南洲遺訓」の中の「天は人も我も同一に愛し給うゆえ」という文章などはひどくキリスト教くさいが、私としてはどうしてもそれが「遺訓」の他の部分から浮き上がっているようにかんじられる。」

キリスト教信者であった信行先生は、西郷隆盛の内に宿るキリスト教信仰を感じ取ったのでした。

それを裏づけたのが、井田好治氏「敬天愛人の系譜　南洲と敬宇と康熙帝」です。大変興味深い論考ですから、ここで大要をご紹介します。

「敬天」と「愛人」とを一句にまとめて、「敬天愛人」と表現した儒学者は、少なくとも江戸末期までの日本にはいなかったようである。また、西郷に朱子学や陽明学の素養からくる「敬天」や「愛人」についての儒教的認識があったにせよ、彼が明治維新前に「敬天愛人」などというモットーを口にしたらしい様子がないことは明白である。筆者がこのような形で疑問を提出した以上、「敬天愛人」の出所を西郷以外のところから求めて報告しなければなるまい。種明かしは簡単で、中村正直訳述『西国立志篇（『自助論』）』（サミュエル・スマイルズ：Self-Help）がそれである。

実は「天」の意味の持つ多様性ないしは曖昧さこそ、中国キリスト教史上の大問題、いわゆる「典礼論争」（Rites Controversy）の原因であり、「敬天愛人」の典拠にもかかわってくるのである。「典礼論争」のいきさつは複雑であるが、必用なかぎりに要約すれば、中国における最初のイエズス会士マテオ・リッチは、儒教を研究して、「天」とは蒼蒼茫茫之天、有形之天を指すのではなく、上帝すなわち真一無形之神、造化之主宰、造物主、天主をいうものと解した。敬字が儒教とキリスト教の折衷的結合をはかったのと似ていく。だから敬天＝敬天主であり、天＝絶対的な神格者・デウス（Deus）であった。彼は、儒教的原理のうちで基督教理に矛盾しないものは採り入れるという立場から、中国人の改宗者が孔子礼拝や祖先崇拝の行事を続けてもよいとした。『天主実技』（一六〇三年）は、この立場のカトリック教義書である。こうしたマテオ・リッチの伝道方針を批判したのは彼の後継者ニコラス・ロンゴバルディである。彼もまた中国古典を研究して遂にリッチと正反対の結論に達した。つまり儒教の「天」や「上帝」は、蒼蒼茫茫形之天を指し、宇宙に広がる空間・自然であり、なんら神格者・造物主・唯一神を意味するものでない。また孔子教にもとづく伝統的な祖先礼拝は、偶像崇拝を黙認するもので、真のキリスト教信仰と矛盾する。したがって「天」「上帝」の語の使用を禁ずるとともに、孔子・祖先礼拝を禁止すべきだ。これがロンゴバルディの主張であった。この後ドミニコ派・フランシスコ派伝道士との対立もあり、典礼論争はますますこじれ、遂には清の康熙帝対ローマ教皇の争いにまで発展した。一七〇四年、ローマ教皇クレメンス十一世の使節が北京に来て、「天」「上帝」の呼称を厳禁して「天主」に一本化すること、孔子・祖先礼拝を禁ずる旨を康熙帝に上奏した。中国皇帝は、孔子の教えと中国的儀礼を非難したカトリック側の禁礼の無礼を怒ってマテオ・リッチ的伝道方針に従う者のみ滞留を許すとし、遂には雍正帝の治世二年目一七二四年に至って、天主教の布教を禁止した。

これが「典礼論争」のあらすじです。（明治村通信１５５号　昭和五八年五月一八日発行）

敬愛学園創立者・長戸路政司先生

それは、二〇一二年の夏の終わり頃でした。

私は、敬愛学園から依頼を受け、学園創立者・長戸路政司氏の伝記を出版することになりました。『野の花』の出版から一八年が過ぎていました。

敬愛学園グループは、西郷隆盛の思想と考えられていた敬天愛人思想を建学の精神とし、学生・生徒・教職員に広める活動を行う一方、対外的にも西郷隆盛の故郷であり西郷研究の中心拠点である鹿児島の西郷南洲顕彰会と『西郷南洲遺訓』で知られる山形の庄内南洲会との人的交流も深めていました。

学園創立者・長戸路政司は、東京帝大一年生のとき（明治三七年＝一九〇四年）、来日したアメリカ人ウィリアム・ジェニングス・ブライアン博士の講演を聞き感銘を受けました。博士は、民主党の大統領候補に三度なりましたが、共和党の候補に敗れ、四度目は、自分は引いてウィルソンを推しました。そしてようやく民主党政権を誕生させ、自らは新大統領を国務長官として支えました。

博士は革新的な政治家であり、雄弁家としても知られた人物でした。来日中は、日露戦争の勝利に沸く東郷元帥の観兵式に参列し、明治天皇に拝謁するなどもした後、各地で講演しました。明治の人びとにとって、講演会は娯楽の一つだったようです。ブライアン博士の動向は新聞記事となったほどで、どこも超満員でした。政司は入場切符を入手できませんでしたが、何とか機転を利かせて講演会場に潜り込んだのでした。

ブライアン博士は、鹿児島日置市出身の山下弥七郎から書生にしてほしいとの手紙を二度受け取りましたが、断り続けていました。しかし、強引にも直接自宅に押しかけられたので、やむなく五年間面倒を見て、大学教育まで受けさせたのです。

この青年を通して、日本の武士で明治維新の立役者である西郷隆盛がキリスト教の真髄である敬天愛人という思想の持ち主であることに驚嘆したのです。ブライアン博士の訪日計画は、この山下青年の企画によるものでした。博士は、息子のようにして面倒を見た山下弥七郎青年との再会を果たし、青年の故郷鹿児島で大歓迎を受けて離日したのでした。

さて、帝大生であった長戸路政司は、日本人でありながら西郷について知らなかった自分を恥じると同時に、その人物像を熱く語る外国人の講演に大ショックを受けたのでした。明治維新の志士たちは皆、和魂洋才の精神一色であると思っていたからです。後に、政司は洗礼を受けてキリスト者の生涯を送るのですが、帝大の法科卒業後、検事を振り出しに、弁護士としても法曹界で活躍しますが、心に深く刻まれた敬天愛人の思想実現のために教育者となる決意を固めたのです。大正一〇年（一九二一）、千葉県八日市場に八日市場女学校を創立しました。その後、長い苦難の時期を乗り越えて、敬愛大学を中心とする敬愛学園グループを創り上げたのです。

敬愛学園から預かった資料の中に、鹿児島の西郷南洲顕彰館館長・高柳毅氏の『西郷は幕末、聖書を読んでいた』という小論がありました。サブタイトルは「西郷が読んだ聖書　二巻本、有馬藤太の証言裏づけ」というものでした。次のような書き出しでした。

西郷論については、「神政主義者」や「征韓論者」「反動士族の巨魁」といった誤解、思い込み、偏見の類があまりに多すぎる。これは、一部の歴史学者の西郷に関する書物に関してもあてはまる。特にアンチ西郷派の場合、最初から色めがねで見て、自説に有利な材料だけを集めてきて、人物の全体像を見ない傾向が少なからずある。少なくとも他人の説を検証しながら、疑問点については究明しなければ、南洲翁の像はわい曲されたまま伝わり、後世を惑わすことになる。

西郷隆盛が読んだ聖書——西郷南洲顕彰館高柳毅館長

私はすぐに鹿児島の高柳館長に電話をしました。突然であったにもかかわらず、西郷の読んだ聖書の展示会を開いた際の興味深いエピソードについて懇切丁寧に話してくれました。私が仰天したのは、小倉から駆けつけた方の「西郷さんは、横浜で洗礼を受けたが、立場上明らかにしないでほしいと話され、黒豚三頭を寄贈して帰られたと聞いている。」という話です。もう一つは鹿児島の川辺《かわなべ》一族の子孫と名乗る方が「先祖から、西郷さんが自宅へこられた折、キリスト教の話をされ、キリスト教を勧められたと聞いている」という話でした。川辺一族は、加賀一向一揆や石山合戦の実情が伝えられた薩摩藩では、一向宗（浄土真宗）が禁止されていたのです。川辺一族は、薩摩藩主島津斉彬の処分を受けるのですが、その折、西郷の助言により穏便な沙汰で済まされたというのです。

「奄美カトリック迫害」という歴史をもつ鹿児島で、「西郷の読んだ聖書展示会」を開くということは、大変な覚悟があったと推察されます。そして、地元鹿児島では不興であったというのももっともであったでしょう。

私の胸には「西郷隆盛と敬天愛人そしてキリスト教」の関係を調べてみたいという思いが膨らんでいました。これこそ、私の「敬天愛人」探索への旅立ちだと。何としても鹿児島に行かねばなりません。私は、鹿児島へ飛びました。空港には、西郷研究で旧知の坂本神父が迎えに出てくれていました。坂本神父は、西郷南洲研究会発行の『敬天愛人』に掲載されたご自身の論文の抜き刷りを私の関係する敬愛大学に持ってこられたときからの知り合いです。神父が講演のため上京されるたびに、上智大学付近で待ち合わせ、議論を戦わす親しい仲になっていました。神父の車で、西郷南洲顕彰館へ案内され、高柳館長に紹介されました。電話で話はしましたが、お目にかかるのは初めてでしたが、特別の親しみを感じました。電話で話されたことを改めて説明してもらいました。それは、「黒豚三頭」と「隠れ念仏」そして「西郷の洗礼証書」について調べるという宿題を抱えていたからです。坂本神父は、所要のため帰りましたが、その夜は神父の教会に泊まらせて頂きました。

高柳館長との面談を終えると、午後は一人で市内観光に出かけました。鹿児島市内に入って驚かされたのは、神社の鳥居が目立ち、お寺がほとんど見当たらないということでした。これは、鹿児島では維新後に廃仏毀釈が徹底的に行われた歴史を物語っていると思えました。そして、第一の目的であった、西郷どんの墓所（神社）を訪ねました。階段状に墓碑が並び、頂点に西郷どんが祀られているという簡素な墓地でした。

その後は、せっかくなので、観光バスで西郷の足跡を辿ってみました。終焉の場所などを見た後、島津斉彬の集成館を見学しました。近代工業の実験工場として驚くばかりでした。反射炉（溶鉱炉）から始めて銃砲・刀剣・綿花火薬・電気仕掛けの水雷・硫酸・硝石から陶磁器・ガラス・樟脳・瓦斯燈・さつま芋を原料とするアルコール等々のほか、農具はもちろん紡績工場、洋式製塩まで、果ては小型ながら蒸気船まで造っていたのにはただただ驚くばかりでした。

宿題を抱えて帰京した私は、横浜在住の先輩鈴木政次さんに西郷さんの洗礼証書の存在を調べてほしいとお願いしました。鈴木さんは、日本最古のプロテスタント教会である横浜海岸教会の役員をされている方です。しかし見つかりませんでした。西郷さんは、もし洗礼を受けたとしても、立場上それは内密にされたのではないかという助言を頂きました。

二番目の「隠れ念仏」に関するエピソードについては、友人の下之薗修氏が通っていた高校が川辺町のすぐ近くにあり、鹿児島に帰られた折に、詳しく調べてくれました。川辺町文化財調査報告書第四集「鹿児島県指定文化財（史跡）清水磨崖仏群」という立派な本を持ち帰ってくれました。「隠れ念仏」は、権力から禁止された浄土真宗（一向宗）の信仰を隠れて信仰する集団でした。一向宗は大名たちに恐れられており、薩摩藩においても、公式の禁止令が出されていました。そのため、「隠れ念仏」は弾圧されたのですが、西郷は島津家と「隠れ念仏」の間に立ち穏便な処罰をもって混乱を治めたのでした。仏教界からも異端とされており、苦境に立たされていた「隠れ念仏」の信者に対し、西郷が「これからは耶蘇教で行ったらどうか」と勧めたという高柳館長の話は、私には真実味を増してくるように思えました。

中国に伝えられたキリスト教

日本に伝えられた聖書は、漢訳のものでした。幕末に来日したヘボンらによる邦訳聖書も漢訳聖書の影響を強く受けています。では、中国に伝えられていたキリスト教はどのようなものだったのでしょうか。

古代キリスト教の教派の一つにコンスタンティノポリス総主教ネストリウスによって説かれたネストリウス派があります。三二五年のキリスト教会最初の公会議ニカイア会議で三位一体説が正統とされました。ネストリウス派は、キリストの神格と人格とは認めますが、人性においてマリアがキリストの母であることを認めないため、四三一年にローマ・カトリック教会から異端認定され、破門となり排斥されたのです。そのため、ネストリウス派はペルシャ帝国へ、さらに七世紀ごろには中央アジアのモンゴル・中国へと伝わりました。唐代の中国では景教と呼ばれるようになりました。ちなみに、一九九七年に教皇ヨハネ・パウロ二世によって破門は解かれました。最近の研究では、フランシスコ・ザビエルが日本にキリスト教を伝えたとされる天文一八年（一五四九）のはるか以前の八世紀に来日した秦氏によって景教が大和朝廷に伝えられたと云われています。光明皇后が「癩病」患者の膿を口で吸って看病されたという逸話も残されています。しかし、日本社会への影響を考えれば、キリスト教伝来をザビエルによるとするのが妥当であると思います。

中国では、この景教が康熙帝《こうきてい》の代に最盛期を迎えました。康熙帝は、西洋文化を積極的に取り入れた名君とたたえられています。キリスト教の素地が残されていたことを考えれば、西郷が手にした漢訳聖書の刊行も容易であったと思われます。

坂本陽明神父の講演会

私は、鹿児島の坂本神父に電話してみました。すると、「来月五月一八日～一九日に鎌倉で西郷について講演をするので、お出でになりませんか」という誘いを受けた私は、これ幸いと鎌倉へ行く決心をしました。

鎌倉駅前から金沢八景行きのバスに乗り十二所で下車、美しい新緑の山道を登り会場の「イエズス会黙想の家」に向かいました。

案内図では、会場は瑞泉寺の山を一つ越えた東側の山頂にあります。新緑に輝く山道を縫うようにバスは上って行きます。やがてバスを降りて、澄んだ空気が流れる中を小鳥の囀りを聞きながら三〇分ほど登ったでしょうか、ハイキング気分で山頂に着きました。そこは広々とした台地となっており、よく手入れされた芝生の洋風庭園が広がっていました。小さな花壇がいくつかあり、芝生の大きなうねりの先に、二階建ての白壁が午後の光に照り映えていました。緑の斜面を少し下って玄関に回ると、そのホテルのような建物は山の斜面に添った三階建てでした。数十人が宿泊できそうです。以前は、来日した宣教師に日本での生活に必要な、日本語と日本文化を学ばせる施設だったそうです。貧乏なプロテスタントの私には、なんと恵まれた環境であることか、と改めてカトリック教会の力に感服させられました。

受付をすませて、ロビーで休んでいると三々五々参加者が集まり、やがて隣接する会議室へと案内されました。方形に並べられたテーブルは一五人ほどの参加者で埋まりました。二〇代から七〇代の男女が相半ばしていました。私以外はカトリックの信徒でした。

全員の自己紹介で驚いたことに、西郷隆盛の直系と島津家の直系という二人の女性がいたのです。西郷の玄孫《やしゃご》さんは、竹内さんといい四〇代の女性でした。坂本神父が笑顔で、「西郷さんに似ているでしょう」と紹介されましたが、南国特有の肌の色、大きく黒い瞳そして濃いまゆ毛は「むべなるかな」と思わせる小柄の美しい方でした。島津家の血筋の方は、島津という性で、明治維新の英雄として歴史に登場する人物の貴重な写真を多数持参していました。

講演会と思って出かけたのでしたが、実際は二泊三日の修養会であり、夕食後には「ミサ」も行われました。ミサの後は懇談に移り、坂本陽明とはペンネームで、本名は坂本進であることがわかりました。王陽明《おうようめい》への思い入れの深さが偲ばれます。

初日のプログラムが終わったのは夜九時でした。宿泊せずに帰るのは私だけでしたが、二〇代と思われる男性が車で鎌倉駅まで送ってくれると申し出てくれました。帰り支度をしていた私は、帽子が見当たらないことに気づきました。全員が手分けして探してくれ、私は申し訳ない思いでいっぱいでした。帽子はすぐに見つかりましたが、この騒動で皆さんとの親近感がぐっと増していました。全員が玄関前で別れを惜しんでくれました。その輪の中から遅れて出てきた女性が車の窓まで駆け寄って手を振って別れを惜しんでくれました。世話役の竹内さんでした。

千葉へ帰る深夜の乗客のまばらな総武横須賀線の中で、「あの玄孫さんのために、西郷隆盛は征韓論者ではなかった」と世に訴えてみたいと考えていました。韓国では今も、豊臣秀吉〈朝鮮出兵〉、西郷隆盛〈征韓論〉そして伊藤博文〈植民地支配〉が日本の三悪人とされているからです。暗い夜空を見上げながら、京都の大学へ旅立った日の青函連絡船で仰いだ星の煌めく夜空を想い浮かべていました。今度は、人生の決算の旅路かもしれないと思いつつ、若き日の思い出のバイロンの『チャイルド・ハロルドの巡礼』の一節が浮かんできました。

さらばさらば　故郷の岸辺は
青き波の上に消えゆく

夜風は嘆き　荒波は吠え
鷗は低く泣き叫ぶ
海に沈みゆく陽の陰
その後を追いて　我は行かん
沈みゆく陽よ　吾が故郷よ
しばしの別れなり　安らかに眠れ

これは敬天愛人への旅立ちであると心に決めて。

第一章　幕末の世界情勢

イギリスのアジア進出

日本に欧米列強が開国を求めて迫ってきた幕末当時、中国は満州族が支配する清朝時代（一六一六～一九一二）でした。徳川幕府と同様に二百年を超える清朝も弱体化し、秘密結社や宗教団体が各地で反乱を起こしていました。当時、中国唯一の貿易港は広州でしたが特許を与えられた商人（広東十三行《かんとんじゅうさんこう》）が貿易を独占していました。中国からの茶の輸入が増えて貿易赤字が増えてきたイギリスは、本国政府からの要請もありインド産のアヘンを中国に、イギリスの綿製品をインドに、そして中国の茶を本国に輸入する三角貿易を行っていました。

それまでの東インド会社の中国貿易の独占権が廃止されると、多くのイギリスの商社が中国貿易に乗り出してきました。当時、清朝政府はアヘンを禁止していましたが、アヘン吸引は盛んに行われていました。それに乗じて、イギリスはアヘン貿易の自由まで押しつけたのです。一八四〇年から二年にわたりアヘン戦争が起こりました。武力で圧倒していたイギリスは、南京条約で清朝の植民地化を進めました。これに便乗してフランスも参加しました。清の国民の反発は秘密結社による残虐行為として繰り返されました。すると、それを口実に英仏連合軍は天津を制圧し、天津条約によって清朝の主権を侵害したのです。清朝は、欧米によって自由貿易の拡大、貿易港開港増加、治外法権の制定、領土割譲と多額の損害賠償等を請求されました。さらに、英仏連合軍はアロー戦争（第二次アヘン戦争）で北京を占領し、北京条約で清国を蹂躙し尽くしたのです。

この隣国の悲劇は、日本人に恐怖の教訓として心に刻まれました。幕末の西郷や勝海舟や坂本龍馬そして徳川慶勝など開明指導者たちに、国内で争って欧米列強の介入を招くことは何としても避けねばならないという共通認識を抱かせました。このアイデンティティと情熱が日本を救うことになるのです。

黒船来航

江戸時代の約二六〇年間は、身分制社会を形成していました。支配階級の武士もまた厳格な身分制の中に身を置いていたのです。身分制度は、安定的社会を形成しますが、人材登用の道を閉ざし社会の発展が阻害され閉鎖社会を形成することになります。

徳川家康が江戸に幕府を開いたのが慶長八年（一六〇三）ですが、百年ほどたった江戸中期の第八代将軍吉宗の時代には、幕府の財政は逼迫していました。吉宗は「享保の改革」で倹約令や新田開発、行政機構の改編、貨幣の改鋳、物価や商業政策等々に加え、人材の登用策などの改革を断行して幕府の財政危機を乗り越えたのでした。

しかし、さらに百年後の江戸末期の天保年間（一八三〇〜一八四三年）には、再び幕府の財政は悪化しました。各地で飢饉が発生し、打ちこわしや一揆が起こるようになりました。「大塩平八郎の乱」が起こったのもこの時代です。老中水野忠邦を中心に、享保・寛政の時代への復古を掲げて「天保の改革」が行われましたが、失敗に終わりました。

マシュー・ペリー提督率いるアメリカ合衆国海軍東インド艦隊の蒸気船二隻を含む艦船四隻が浦賀に来航したのは、嘉永六年（一八五三）です。明治維新まであと一五年と迫っていました。日本は、風雲急を告げる内憂外患の時代となりました。

「太平の眠りを覚ます上喜撰　たった四杯で夜も眠れず」という狂歌は、黒船来航時の日本中の大騒ぎの様子を伝えています。

イギリスは、東アジア進出をもくろみ、アヘン戦争（一八四〇〜四二年）で清国を破り、その鉾先を日本に向けていました。鎖国政策で泰平の眠りについていた日本の指導者や知識人に大きな衝撃を与えました。

ペリーがアメリカ大統領の国書を携えて来航する数日前に、第一二代将軍徳川家慶が没しました。しかも、一カ月後にはロシア使節プチャーチン率いるロシア艦隊四隻が長崎に入港したのです。外国の圧力だけでなく、安政東海地震（一八五四年）という天変地異におびえて元号を嘉永から安政に変えたばかりでした。

幕府は、御三家の水戸藩主・徳川斉昭を海防参与に登用し、とりあえず大船建造禁止令を廃しました。さらに、翌年再び来航するというペリーに対処するため、ペリーが持参してきた国書について諸大名や旗本たちに意見を聞くことにしたのです。日本は、アジア進出を目指す欧州の先進国イギリス・フランス・ロシア、そして南北戦争（一八六一～一八六五年）を終えて遅ればせながら日本進出を目指す新興国アメリカなどに対してほとんど無防備状態でした。

ペリー来航以後、来日する欧米人の数は急激に増えました。生産力が急激な需要に追いつかず国内はたちまち物資不足になり、物価が高騰し、日本中が不景気となりました。また、外国商人たちは、幕府の金と銀の交換比率に目を付けて洋銀で日本の金貨や金地金《きんじかね》を買いあさりました。そのため、大量の金が流出しました。物価高騰と不景気で庶民生活は破壊されたのです。これは、十分な準備をしないままに拙速に開国した幕府の失政でした。

この状況を憂慮した孝明天皇は、幕府の開国政策に強く反対し、攘夷の意思を表明したのです。それまで、外国人に対して畏敬の念を抱いていた温厚な日本人が、これ以後、外国人嫌いになり、攘夷思想が日本中に一気に蔓延したのでした。

日露関係

当時の世界情勢を考える場合、クリミア戦争に触れておかねばなりません。クリミア戦争は、一八五三年からクリミア半島、バルカン半島、バルト海、ドナウ川周辺、さらにはカムチャッカ半島に展開された近代史上まれにみる世界戦争でした。

交戦勢力の一方は、ニコライ一世（ニコライ・パヴロヴィチ・ロマノフ）のロシア帝国とブルガリア義勇兵で約二二〇万の兵力、対する同盟軍はナポレオン三世のフランス帝国、ヴィクトリア女王のイギリス、イスラームの盟主・オスマン帝国そして、イタリア統一の触媒となったサルデーニャ王国で総勢九六万の兵力でした。

双方の三一〇万人が戦ったこの戦争の死者は三〇万人弱といわれています。参戦兵士の一割近くが戦死しているのですから、いかに激烈な戦いであったかがうかがえます。

一八五六年、クリミア戦争は同盟軍の勝利で終結しましたが、両陣営とも戦争継続不可能という状態でした。

ロシア皇帝ニコライ一世は終戦を待たず一八五五年三月に死去し、ニコライ二世が皇位を継承しましたが、欧州に吹き荒れていた社会運動はロシアにも反体制運動を活発化させていました。

一方、勝者である同盟軍の中心であったイギリスでは、戦費の過剰な負担が原因で財政が破たんして内閣が総辞職し、国民の間には長引く戦争に厭戦気分が充満していました。一八五六年に講和条約が締結されました。それがパリ条約です。ロシア帝国に対する賠償金の請求や領土割譲といった条文はなく、オスマン帝国の保全など領土に関する問題は戦前の状態に戻すというだけの妥協的内容でした。勝者なき大戦といわれるゆえんです。

イギリスは、産業革命後の高い技術力と戦力を背景に帝国主義の路線を歩み始めていました。東アジア侵攻を目指して、一八四二年にはアヘン戦争に勝利して清国との間に南京条約を結び領土の租借権と多額の賠償金を獲得しました。イギリスの次のターゲットはいよいよ日本です。

ロシアの軍人エフィム・プチャーチンは、極東地域において影響力を強化すべしと考え、皇帝ニコライ一世に極東派遣を献言し、一八四三年に清および日本との交渉担当を命じられました。しかし、このときはトルコ方面への進出が優先され、プチャーチンの極東派遣は実現しなかったのです。その後海軍中将・侍従武官長に栄進したプチャーチンは、再び日本との条約締結のための遣日全権使節に任じられたのです。

一八五二年九月、プチャーチンはペテルブルクを出発してイギリスに渡り、ボストーク号を購入しました。一一月、クロンシュタットを出港した旗艦パルラダ号がイギリスのポーツマス港で修理を終えるのを待って、ボストーク号を従えてポーツマスを出港しました。アメリカのペリーより先に出発したのですが、喜望峰を周り、セイロン、フィリピンを経由、父島でオリバーツア号とメンシコフ号に合流して日本に向かったのです。

一八五三年八月二二日(嘉永六年七月一八日)、プチャーチンはペリーに一カ月半遅れで、旗艦パルラダ号以下四隻の艦隊を率いて長崎に来航しました。長崎奉行の大沢安宅に国書を渡し、江戸からの連絡を待ったのです。

ところが、クリミア戦争に参戦したイギリス海軍が極東のロシア軍を攻撃するため艦隊を差し向けたという情報を得たため、一一月二三日、長崎を離れいったん上海に向かいます。

その後、江戸からきた幕府全権の川路聖謨、筒井政憲と計六回の交渉を重ねますが、交渉はまとまりませんでした。しかし、将来日本が他国と通商条約を締結した場合にはロシアにも同一の条件の待遇を与えるという合意が成立しました。二月五日、一定の成果を得たプチャーチンはマニラへ向かい、船の修理や補給を行ったのです。旗艦パルラダ号は木造の老朽艦であったため、九月にロシア沿海州のインペラトール湾において、本国から回航してきたディアナ号に乗り換えます。旗艦以外の三隻の船は、イギリス艦隊との戦闘に備えるため沿海州に残ることになり、プチャーチンはディアナ号一隻だけで再び日本に向かいました。

一〇月二一日、箱館に入港しますが、同地での交渉を拒否されたため大坂へ向かいます。翌月に天保山沖に到着、大坂奉行から下田へ回航するよう要請を受けて、一二月三日に下田に入港しました。報告を受けた幕府は再び川路聖謨、筒井政憲らを下田へ派遣しプチャーチンとの交渉を行わせたのでした。

ところが、交渉開始直後の一八五四年一二月二三日（安政元年一一月四日）に安政東海地震が発生して下田一帯も大被害を受けたのです。ディアナ号も津波で大破し、乗組員にも死傷者が出たため、交渉は中断せざるを得ませんでした。津波の混乱の中、プチャーチン一行は、波にさらわれた日本人数名を救助し、船医が看護をしました。このことは幕府関係者らにも好印象を与えました。これは、ニコライ一世の平和的に交渉するようにとの下命によると思われますが、日本での活躍がよく知られているドイツ人の医師で博物学者フィリップ・フランツ・フォン・シーボルトの進言があったとも伝えられています。米艦隊のペリーの脅迫的な態度とは異なったので日本側に好感を与えました。そして、一八五五年二月七日（安政二年一二月二一日）に日露和親条約が締結されました。

ロシア軍艦による対馬占領事件（ポサドニック号事件）

ところが、ニコライ一世没（一八五五年）後のロシアの対日姿勢は横暴なものに変わります。一八六一年三月一四日（文久元年二月三日）、ロシア帝国海軍中尉ニコライ・ビリリョフ艦長はポサドニック号で三六〇名の水兵を率いて対馬に来航しました。ポサドニック号は、ロシア太平洋艦隊所属の蒸気船の新鋭艦でした。黒船来航で、慌てて大船建造の禁を解いた（一八五三年）幕府が太刀打ちできる相手ではありません。対馬府中藩主宗義和《よしより》は重臣を派遣し、非開港場投錨は認められないとして、速やかな退去を求めます。しかし、ビリリョフ艦長は、船が難破して航行できないので、修理のために来航したのだと回答して居座り、修理工場設営の資材や食糧さらに遊女までも要求しました。

そして、尾崎浦に投錨すると、無断で測量を開始し、一カ月後には芋崎に無断で上陸して兵舎を建設し、船体修理を名目に工場や練兵場を建設するなど、圧倒的な武力を背景に傍若無人な振る舞いに出たのです。婦女に対する乱暴狼藉も発生し、住民との間に紛争が起きました。対馬藩主宗義和は、ロシア側に対し何度も不法に対する詰問を繰り返しますが手に負えません。武力に訴えても勝ち目がないのは明白です。ビリリョフ艦長は、芋崎の租借を求めて対馬藩主に面会を求めるに至り、対馬藩は長崎と江戸に急使を派遣して幕府の指示を仰ぎました。

長崎奉行岡部長常は、対馬藩に対し紛争を回避し慎重な対応を指示する一方、ビリリョフ艦長には不法行為を詰問する文書を送りつけます。同時に、佐賀、筑前、長州はじめ隣接諸藩に実情を調査させ、対策を講じようとしますが有効な手立てはありませんでした。

江戸では、幕府が急遽、箱館奉行村垣範正に同地駐在のロシア領事ヨシフ・ゴシケーヴィチにポサドニック号の退去を要求させると同時に、幕府の西洋式新鋭艦である咸臨丸で外国奉行小栗忠順を対馬に派遣し、事態の収拾に当たらせましたが、成果を上げられないまま、江戸に帰ることになります。小栗は、大国ロシアとの交渉は小藩では無理で、対馬を幕府の直轄領とした上で、幕府が直接行うべしという献言を残し、交渉不調の責任を取って外国奉行を辞任したのです。ロシア側の対馬占領の目的は、ロシア艦隊のために不凍港を確保することでした。

七月九日、イギリス公使ラザフォード・オールコックとイギリス海軍中将ジェームズ・ホープが老中安藤信正に、イギリス東洋艦隊の軍艦二隻を対馬に回航して示威行動を行うことを提案しました。イギリスの干渉を見たロシア領事ゴシケーヴィチは、形勢不利と判断し、ビリリチョフを説得して対馬から退去させたのです。イギリスとロシアはクリミア戦争で戦った犬猿の仲で、お互いの戦闘能力を熟知していたのです。

西郷は征韓論者に非ず

このポサドニック号事件は、ロシアの覇権主義の伝統を受け継ぐものであろうと思われます。ロシア帝国の国章（国徽）「双頭の鷲」は、ローマ帝国の継承を自負する神聖ローマ帝国とハプスブルグ家の紋章でしたが、一四七二年に東ローマ帝国のゾイ・パレオロギナ王妃がロシア帝国に嫁いだ後、ロシア帝国も双頭の鷲を採用しました。

東ローマ帝国（三九五〜一四五三年）滅亡後は、ロシア帝国がローマ帝国の後継者と自負し、双頭を「東アジア」と「西ヨーロッパ」にわたる統治権を表すという覇権主義の意味づけをしていたのです。時代をもう少し遡ると、エカチェリーナ二世治世下の一七九二年、アダム・ラクスマンを根室に派遣して日本との通商を要求したのですが、幕府はこれに応じず、長崎への廻港を指示して入港許可証を交付しました。その後、文化元年（一八〇四）には入港許可証を持参したニコライ・レザノフが長崎に来航しますが、半年待っても埒《らち》が明きません。業を煮やしたレザノフは日本に対しては武力を持って開国を迫るしかないと判断し、樺太と択捉の日本側の拠点を攻撃しました。さらに文化三年（一八〇六）にはレザノフの部下ニコライ・フヴォストフが樺太の松前藩居留地と択捉島駐留の幕府軍を攻撃したのです。この事件は文化露寇《ぶんかろこう》と呼ばれています。

本書の主人公西郷隆盛は横暴なロシアの対日姿勢を知っており、ロシアを最大の脅威と考えていました。西郷は、清国（中国）・朝鮮と協力してロシアに備えねばならない、ロシアこそが日本にとって本当の脅威であると考えていたのですから、征韓論者などであるはずはありません。これについては、章を改めて詳述します。

第二章　幕末日本と薩摩藩

薩摩藩を取り巻く状況

江戸時代末期に、財政の危機を迎えていたのは幕府だけではなく、全国の諸藩も同様でした。その中で、経済力や政治力のある藩を雄藩といいました。当時の藩の数については、江戸三〇〇藩といわれていますが、改易や転封によって消滅したものや新たに創設されたりした結果、明治を迎える頃には約二七〇の藩がありました。

江戸時代の領地の規模は、米の生産高である石で表されます。江戸中期の日本の総石高は約三〇〇〇万石です。その内訳は、幕府領（天領）四〇〇万石（一三％）、大名は二二五〇万石（七五％）、他には、旗本知行領約三〇〇万石、寺社領四〇万石、公家領七万石、そして天皇領（禁裏御料）三万石でした。

西日本にあって、財政改革に成功し経済力を増した外様の諸藩は軍備拡充を行い、国政における発言力を増しました。明治維新に力を発揮した薩長土肥（薩摩藩、長州藩、土佐藩、肥前藩）がそれです。そのいずれの藩も窮状を脱するために、旧来の身分制度を超えて人材登用を行ったことが特徴的です。その点で、幕府は遅れをとっていました。

江戸末期の教育事情

来日した欧米先進国の人びとを驚かせたのは、日本人の知性の高さでした。読み書き算盤は、庶民の間に行き渡っていましたから、国民の識字率は世界最高の水準だったようです。最近の研究では、大陸から伝えられた数学が、日本では和算として独自の発展をとげ、非常に高いレベルに達していたことが明らかにされています。しかも、日本全国で難問を出し合って、実力を競うことがゲーム感覚で行われていたというから驚きです。

江戸には、幕府直轄の教育機関として「学問所」（「昌平黌」または「昌平坂学問所」ともいった）がありました。ここでは、直参のみならず藩士・郷士・浪人などの聴講入門も許されていました。講義の内容は儒学一般でしたが、老中松平定信の「寛政異学の禁」以降は朱子学だけが重んじられました。洋学は、「開成所」、西洋医学の「医学所」が開かれた教学機関でした。各地には、藩校、郷校、民衆の風俗改善をねらった教諭所や私塾、家塾があり、さらに寺子屋などがあり、読み書き算盤は庶民にまで行き渡っていました。

向学心に燃えた優秀な若者たちは、著名な師をもとめて藩の垣根を越えていきました。それが私塾です。

江戸の私塾

私塾は、幕府や藩が設置した教育機関とは異なり、塾主の個性と有志者の自発性を基盤とした教育機関でした。江戸時代後期には、江戸・京・大阪を中心に活発な活動を展開し、明治維新を実現させた有能な人材を世に送り出しました。長崎の鳴滝塾（シーボルト）、長州の松下村塾（吉田松陰）大阪の適塾（緒方洪庵）が有名ですが、明治維新の原動力となった指導者として松代藩士・佐久間象山（しょうざん、ぞうざん）が最も輝いていたように思われます。彼は、儒学と数学の素養を深く身に付けた後、故郷を出て視野を広げ、他藩の若者たちと自由に学び議論し互いに研鑽しあいました。その若者たちの交流とエネルギーこそが封建社会を打破し明治維新を創り上げた原動力であったと言えましょう。

日本の文化芸能は、流派や家など閉鎖的でしたが、象山は自分の知見を求める人に解放したのです。門弟には、吉田松陰をはじめ、勝海舟、河井継之助、橋本左内、坂本龍馬など日本を担う人材を輩出したのです。ちなみに、象山の妻は勝海舟の妹でした。

幕末の薩摩藩

『島津氏正統系図』によりますと、薩摩藩は源頼朝と丹後局との間に生まれた忠久が初代です。しかし、近衛家の出身で頼朝の特別な恩恵を受けていたという説もあります。いずれにしても、文治元年（一一八五年）に島津荘下司職《げすしき》、翌年同荘総地頭職、ついで薩摩・大隅・日向三国の守護兼総地頭職となってから南九州に定住したのでした。

幕末の薩摩藩には幾つかの際立った特徴がありました。

第一に、鹿児島弁は単なる方言ではなく江戸時代に島津氏によって考案された暗号の要素を持つ難解な言葉です。これについては、言語学者の中に異論がありますが、私には信憑性があるように思えます。外様大名として徳川幕府の厳しい監視の目にさらされていましたし、時に機密情報が隠密によって盗み出されることが続いていたからです。さらに、琉球（沖縄）を通しての密貿易が藩にとっての大きな収入源でしたから、当然の防衛策であったのではないでしょうか。

第二の特徴は、薩摩藩は他藩に比べ武士の数が極端に多かったことです。武士の人口は全国平均で五〜七パーセントといわれていますが、薩摩藩は人口比二六％で四人に一人は武士であったというから驚きです。

そして第三に、外城《とじょう》制度があります。薩摩藩は武士を領内各地の城砦《じょうさい》に半農半士で分散定住させ、有事に際して領主の命令で戦闘員となる軍事ネットワークを形成していたのです。町場だけでなく、藩内の農山村の隅々までの支配の拠点としたのです。そのため、多くの武士（家臣）を抱えることを可能にしたのです。明治新政府による北海道開拓の屯田兵の原型といえるでしょう。外城を守る武士たちは、屯田兵のように生産に従事すると同時に、その地域の生活全般の指導者となり、教育の任も担ったのです。

第四に、琉球王国を実質支配することで、中国との貿易（実質的な密貿易）を行い藩財政を潤していましたし、西洋の先進工業技術を取り入れて武器弾薬の生産や造船まで行う幕末最強の雄藩となっていたのです。

西郷隆盛の生い立ち

西郷隆盛は、文政一〇年（一八二八年）薩摩藩の下級武士であった西郷吉兵衛隆盛の長男として生まれました。幼名は小吉で、その後善兵衛、吉兵衛、吉之助、隆盛と順次変えました。隆盛という名は父の名でしたが、王政復古後に自身の名としたのです。幕府の役人に追われた時には、西郷三助、菊池源吾、大島三右衛門、大島吉之助などの変名を使いました。号（字《あざな》）は南洲です。

西郷は、一一歳頃に仲間の喧嘩の仲裁に入り右腕に深い傷を負いました。そのため武術を諦め、学問で身を立てる道を選ぶことになりました。

封建社会は身分制度によって支えられており、薩摩藩の武士たちも厳格な身分制度の下に置かれておりました。西郷家の家格は八段階ある身分制度の中で、下から二番目の小姓組という低い身分でした。西郷は、二三歳の頃結婚しますが、父母亡きあと禄四一石という収入で弟妹を支えなければなりませんでした。義父は、苦しい家庭を妻として母として働き詰めの娘の姿を見かねて、娘を実家に連れ帰ったことで西郷の最初の結婚生活は終わったのでした。このような貧しい環境が、西郷の中に、弱者への思いやりの心を育んだと思われます。西郷の実家の生活が多少改善されたのは、西郷が奄美大島に流刑になってからのことでした。

藩主の跡目相続争い

西郷一六歳の頃、薩摩藩に跡目相続のお家騒動（高崎崩れ）が起こりました。嫡子斉彬と側室お由羅の子である久光の家督争いです。藩主島津斉興《なりおき》は、斉彬を世子《せじゃ》（世継ぎ）として幕府に届けていたにもかかわらず斉彬が四〇歳を過ぎても家督を譲ろうとせず、むしろ保守的で漢学・国学を好む久光に傾斜していったのです。江戸の薩摩藩邸に起居していた斉彬は、曾祖父・重豪《しげひで》の影響を受けて剛胆な性格で洋学に傾倒し、その上派手好みの藩主では再び藩の財政危機を招く事を重臣たちは危惧していたのでした。その結果、藩を二分する大抗争が起こりました。斉彬派の側近は久光やお由羅を暗殺しようとして失敗し、首謀者一三名は切腹、連座した五〇名ほどが遠島や謹慎の処分を受けました。この時、西郷の父は切腹した赤山靫負《ゆきえ》の御用人でした。父から事の真相を聞かされた西郷は、久光に対し不信の念を抱き、両者は生涯和解することはありませんでした。これは、西郷にとって後の生涯の災いとなりました。

薩摩藩のお家騒動は、幕閣の知るところとなりました。老中主席阿部伊勢守（正弘）は、斉彬と親しくその力量を高く評価していましたので、斉興に斉彬への家督相続を迫りました。幕府は斉興を追及する手段として薩摩の密貿易を問題にしたのでした。薩摩の仕置家老調所《ずしょ》笑左衛門が矢面に立たされました。調所は幕府の追及を食い止めるために「全責任は自分に在り、藩主は一切預かり知らぬ所である」という遺書をのこし毒を仰いで死んでしまいました。調所は、先代の藩主重豪に見込まれて藩財政の立て直しにあたった人物でした。苦労して財政を再建しただけに、斉彬のような西洋技術に興味を持つ人物は再び財政に危機を招きかねないと考え、久光擁立派の重鎮だったのです。嘉永四年（一八五一）二月に、ようやく斉興は隠居し斉彬が藩主になりました。しかし、当然ながら斉彬に対する斉興らの怨念は増幅し、久光擁立派の中に斉彬暗殺の気運が深く潜行していたと思われます。

島津斉彬と西郷隆盛

嘉永四年（一八五一）、島津斉彬は晴れて薩摩藩第一一代藩主（島津氏第二八代当主）に就任しました。この島津斉彬との出会いが、西郷の一生を決定づけるものとなり、維新の英雄の誕生となったのです。島津斉彬は、老中阿部正弘と親しい間柄であり、他にも伊予宇和島藩主伊達宗城、越前福井藩主松平慶永ら蒼蒼たる人物と交友関係を有し、西洋事情に精通したその高い知見を評価されていました。

当時、日本で西洋の最先端技術を学び、工業生産に必要な物資輸入していたのは鍋島直正（閑叟《かんそう》）の肥前藩（現在の佐賀県・長崎県の一部）でした。その備前藩から西洋技術の翻訳書を取り寄せて学び、藩の殖産興業・富国強兵策を実行に移したのは、藩主に就任したばかりの斉彬でした。斉彬による集成館事業は、アジアで最初の近代洋式産業群でした。反射炉（溶鉱炉）の建設、洋式造船、ガラス、ガス炉、弾薬などを製造していたのです。

また、斉彬は土佐の漂流民でアメリカから帰国したジョン万次郎（中浜万次郎）を呼び寄せ藩士に西洋情報と技術を学ばせていました。安政元年（一八五四）には、洋式帆船「いろは丸」を、さらに洋式軍艦「昇平丸」を建造して幕府に献上したほどです。外城制度によって、他藩に比べ格段に多い武士を抱え、同時に近代工業による武器生産を可能にした薩摩藩は、当時の日本最強の藩となっており、その力を背景に明治維新推進の最大勢力となりえたのでした。

西郷は、島津斉彬に認められて庭方役（秘書役）に取り立てられました。これは、下級武士であった西郷には破格の出世でした。当代随一の名君から直接指導を受けるのはもちろん、諸藩の重役や当時評判の高かった諸藩の碩学たちと知遇を得、深く学ぶ機会を得る事になったのでした。

アーネスト・サトウの証言

その頃、西郷と出会ったイギリスの外交官アーネスト・サトウは、西郷が京都の薩摩屋敷で現在の大君政府に代わり二院制の国民議会を設立すべきであると語っていたことです。アーネスト・サトウは、「私には狂気じみた考えのように思われた」と述べています。これは、慶応三年（一八六七）の頃です。『一外交官の見た明治維新』（岩波文庫）というタイトルで翻訳出版されていますが、この著書が戦前は禁書であったという事実です。この著書が戦前にこのような取り扱いを受けたのは、「権威をはばからぬ外国人の自由な観察によって明治維新の機微な消息が国民の眼にさらされるのを、維新の鴻業を賛仰することによって国民精神の基盤としようとした当時の為政者たちが好まなかったからであろう」と書いています。

これは、私には西郷と大久保亡きあと明治政府の実権を握った伊藤博文政権による画策であろうと思えるのです。特に、本書の主人公西郷は征韓論ではありません。西郷は、岩倉具視と大久保利通による「只一ノ策」と呼ばれる計略によって下野する決意をしたのですが、その時の西郷自身の本心は太政大臣宛に書いた公式文書として残されているのです。西郷は、自分を朝鮮に派遣して交渉させて欲しいと言っているのであり、征韓論に敗れて下野したのではないのです。国民から敬愛されていたあの西郷さんも「征韓論者」だったのだと国民を騙し、日清、日露戦争さらにアジア、太平洋戦争と進んだ伊藤博文および長州人の文部官僚にとって不都合であったが故に、この書が発禁となったと思えるのです。第一章で詳述しましたが、西郷は、ロシアを日本と韓国および中国の共通の最大の脅威と考えており、三国が協力して対処せねばならないと考え続けていたからです。

さて、孫子の兵法には「敵を知り、己を知らば百戦殆《あや》うからず」とありますが、西洋列強の人々の思考傾向を知る上で、聖書の知識は絶対に必要と考えていた斉彬は、西郷にその研究を勧めたと考えていました。儒教の流れである陽明学に傾倒していた西郷にとって、王陽明の「知行合一」論とキリスト教の教義にさほど違和感を覚えることは無かったと思われます。キリスト教の解禁は、西郷が主導した留守内閣の時代に行われましたが、これは外国からの圧力もさることながら、西郷自身がキリスト教の本質を理解していたからだと思われます。西郷の同郷の側近であった有馬藤太は、「西郷先生にキリスト教の経典を貸与された」という証言を残しています。

誠忠組（精忠組）の誕生

お家騒動で斉彬を支持した多くの家臣が斉興によって処断されましたが、切腹させられた一三人の中に赤山靭負がおりました。前述の通り、西郷の父はこの赤山の御用人でした。父から赤山の切腹の様子を聞かされた西郷はその後、島津斉彬を支持するようになりました。赤山は若者たちに人望がありました。若者たちは、赤山の志を継ぐために彼の愛読書であった『近思録』の輪読会を立ち上げたのです。『近思録』は、一二世紀に中国・北宋時代の朱子学入門書で、日本各地の儒学塾で読まれていました。この読書会が後の誠忠組のもととなりました。大久保正助（利通）、伊地知龍右衛門（正治）、有村俊斎（海江田信義）ら薩摩藩の若き英才たちが名を連ねており、その中心に西郷がいました。彼らに共通していたのは、家格は低いが志は高いということです。やがて、西郷が斉彬に抜擢され、その指示を受けて藩の垣根を越えて国政という広い場で働くことになりますと、メンバー全員も西郷の話や手紙によって視野を広げられ、藩の垣根を越えて国の現状に関心を持つようになりました。

幕末の歴史は大きな分岐点を迎えていました。ペリーが二度目に来航して、「開国要求」の回答を求め、もぎとるようにして日米和親条約を手にしたのです。西郷が斉彬の供をして、はじめて江戸に出て来たまさにその時だったのです。あの狂歌「泰平の眠りを覚ます上喜撰たった四杯で夜も眠れず」が伝えるとおり、日本中が大騒動になりました。

戊午の密勅（秘勅事件）

日下部伊三次は、水戸藩士でしたが父が薩摩藩士であった関係で島津斉彬に召し抱えられていました。彼は、井伊大老の水戸の徳川斉昭らに対する厳しい処分に憤慨し、孝明天皇から勅書を頂くことを思いつきました。その内容は、「一、勅許なく日米修好通商条約に調印したことへの呵責と詳細な説明の要求。二、御三家および諸藩は幕府に協力して公武合体の実を成し、幕府は攘夷推進の幕政改革を遂行せよとの命令。三、上記二つの内容を諸藩に通達せよという副書。」でした。

この時、西郷は斉彬の率兵上京の準備の真っ最中でした。日下部から報告を受けてはいましたが、簡単に事が運ぶとは思っていませんでした。ところが、日下部は、首尾よく勅書を得る事ができたのです。これは、井伊を怒らせました。将軍の臣下である水戸藩へ朝廷から直接勅書が渡されたということは、幕府がないがしろにされたということです。勅書の内容が漏洩したことで、安政の大獄の厳しい処分も当然のことと想像できます。

日下部の運動は成功して、密勅は水戸に降下するのですが、そのために水戸藩はてんやわんやの大騒ぎになり、藩中ついに四分五裂の状態となってしまいました。幕府の強圧が藩士等の心をずたずたに引き裂いたのです。元治元年（一八六四）に水戸藩の尊王攘夷派によって起こされた天狗党の乱もこのために起こったのです。

西郷は水戸家の事情が分かっていますので、一応瀬踏みしてから下賜される方が安全だと近衛公に説いて、勅書の写しを持って江戸に下りました。そして水戸家の家老安島帯刀《あじまたてわき》に会い、とうてい受け入れられる情勢にないことを確認しました。水戸家は幕府の警戒が厳重で、寄りつけなかったということで、勅書を返還することに安島と相談をまとめて辞去しました。帰国する有村俊斎に情報を託して京都に送りかえしました。

ところが、朝廷の方では、せっかく瀬踏みのために西郷を江戸に下しながら、水戸家の情勢がそれほど窮迫衰弱しているとは思わなかったのでしょう。西郷が京都を出発した六日後に、水戸家の京都留守居役鵜飼吉左衛門を呼びだして、勅書を下賜してしまいましたので、吉左衛門の子幸吉がそれを持って江戸に下りました。水戸家としては、下賜されれば、受けないわけにいかず、大騒ぎになったのです。こうなって見ますと、「島津斉彬の率兵上京計画」、「戊午の密勅」そして「桜田門外の変」は同時並行的に進行しており、幕府の財政の弱体と権威の喪失が明治維新への道を加速させたことが分かります。

ちなみに、密勅と言われるのは、正式な手続きとしての関白九条尚忠の裁可を経ないままの下賜であったからです。

安政の大獄

江戸幕府第一二代将軍徳川家慶の嫡男家定は、病弱で政務が満足に行えませんでした。黒船来航の直後に家慶が逝去しました。日本は外交問題を抱える中で、さらに将軍継嗣問題も抱えるという大混乱状態に陥ったのでした。

さて、島津斉彬、松平慶永（福井藩）、徳川斉昭（水戸藩）ら有力大名は一橋慶喜（斉昭の実子）を擁立しようとし老中阿部正弘もこれに加担しました。これが一橋派です。これに対して、保守的な譜代大名や大奥は、家定の従弟の紀伊藩主徳川慶福《よしとみ》（後の家茂）を擁立しようとしました。こちらは南紀派です。安政四年（一八五七）に阿部正弘が急死しました。翌安政五年（一八五八）に家定が重態になるや南紀派は彦根藩主を大老に据え、将軍家定の名で後継者を徳川慶福にすると発表し南紀派が勝利したのです。

江戸幕府の大老となった井伊直弼は、譜代大名最大の三五万石、彦根藩第一五代藩主でした。井伊直弼は私生活では才能豊かな文化人として語り伝えられています。井伊は政権を掌握した安政五年（一八五八）には、駐日総領事ハリスとの間に日米修好通商条約を締結したのです。日本は開国近代化を実現したのですが、井伊の執拗な働きかけの甲斐もなく、天皇の裁可が受けられないままの調印となったのでした。そのため、反対勢力の大反発を招きました。これに対して、井伊は安政五年（一八五八）から翌年にかけて反対勢力を強権を持って弾圧と粛正を行ったのです。これが安政の大獄です。まず、一橋派の大名の隠居や謹慎の命令が下され、それに続いて吉田松陰や橋本左内らが死刑（斬罪や獄死）となりました。弾圧されたのは尊皇攘夷や一橋派の大名、公卿、志士など連座した者は百名以上にのぼりました。

島津斉彬のクーデター計画と急死

戊午の密勅騒動を治め、鹿児島に馳せかえった西郷から情報を得ると、島津斉彬は井伊の暴圧に抗議の行動を起こす決意を固めました。兵を率いて東上し、朝廷から幕政改革の勅諚をいただき、幕府に迫って井伊直弼を幕閣から追放しよう考えたのです。斉彬は、家中の壮士らに「天下のために、近々に兵を率いて東上する。皆々心得よ」という布告を出しました。誠忠組の若者は勇み立って猛訓練（洋式調練）に励みました。斉彬の指揮の下に東上し、井伊の暴政を止めるという救国の志に燃えていたのです。ところが、斉彬の突然の死によって全てが崩れ去ったのです。

西郷は斉彬の墓前で殉死する決意をしましたが、斉彬の下で共に働いた僧月照に訓戒され思い止まりました。西郷だけでなく、他の青年たちも殉教をほのめかすほど打ちひしがれました。高崎崩れ（お由羅騒動）を記憶している誠忠組の面々は、これは間違いなく久光もしくはその支持者による暗殺であると睨んでいました。斉彬を嫌っていた斉興や久光とその嫡子忠義らを毒殺の張本人、あるいは、その一味の犯行として不審と反感を抱いていたのです。彼らは脱藩覚悟で斉彬の遺志を継ごうと決意しました。

しかし、ただ一人、大久保利通だけは違いました。大久保は陰謀家で目的のためには義理人情を無視できる冷徹な人物でした。後に、岩倉具視と組んで西郷を陥れたのも大久保です。

大久保は久光に近づき、久光もまた大久保を利用しようとして両者は手を結び誠忠組の青年たちの脱藩行動を阻止しようとしました。藩主忠義の名で、諭告書を出したのです。大久保は浪人運動ではなく、藩全体でなければ大きなことはできないと考えていたのです。誠忠組の面々は、この諭告書に感激しました。藩主が斉彬の意志を継いでくれると信じたからです。しかし、やがて久光の本心を知ることになります。久光は、将来はともかく急いで上京しようとは考えていなかったのです。

西郷の入水自殺と蘇生

当時、誠忠組の同志で中央（江戸と京）に居たのは有馬新七、堀次郎、西郷、有馬俊斎、吉井幸輔、伊地知龍右衛門の六人でした。西郷はこの誠忠組の同志と会津藩士だけでなく、広く天下の諸藩の有志と協力して、クーデターをもって井伊を倒して幕政を改革する計画を立てました。西郷らの計画には、応ずる諸藩人もいたのですが、幕府の追捕の手が伸びて来たので、それぞれに国に逃げ帰りました。「安政の大獄」と呼ばれる大弾圧です。西郷も月照を同伴し薩摩に戻ったのですが、藩当局はこれまで藩主斉彬のために働いてきた月照を庇うどころか、西郷に殺害を命じたのでした。これは「日向送り」といわれる薩摩藩独特の処刑方法です。それは、斉興が抱いていた斉彬に対する憎悪の念を新しい藩当局が忖度した結果というべきでしょう。

僧月照は、斉彬の依頼により朝廷との橋渡しをした人物で、そのために幕吏に追われることになっていたのです。斉彬の後を追って殉死しようとした西郷をいさめたのも月照でした。斉彬のために共に働いた同志月照を殺すことなど西郷にできるはずはありません。二人は相抱いて、満月の光が注ぐ錦江湾に身を投げたのでした。月照は死にましたが、西郷は蘇生しました。

藩当局は、西郷の墓をつくり死んだと偽って幕府の追跡をかわしたのでした。そして、健康が回復すると名前を菊池源吾（公式には西郷三助）と変え職を免じて奄美大島に潜居させました。翌安政六年（一八五九）正月半ばからは潜居地の奄美大島龍郷村阿丹崎に着きました。来島当初は流人扱いで苛酷な生活を強いられましたが、藩の役人（間切横目・藤長）から島の子どもの教育を依頼され、さらに約一年後には龍家の一族である左栄志の娘愛加那を島妻に娶りました。西郷より九歳年下で二二歳の頃でした。愛加那は、五歳の時に父親と死別しましたが、青年時代にはよく働く女として評判も良く名高い美人であったと伝えられています。同じ年頃の女性が生活のために犠牲となり大地主や豪士の家に奉公勤めを強いられることに義憤を感じており、西郷もこれに共感して二人は意気投合し、互いに敬愛する絆で結ばれていったのでした。藩の役人からも信頼され、子ども三人の教育を引き受けるなど島の生活に馴染んでいきました。やがて愛加那との間に菊次郎が生まれ、貧困と波乱万丈の西郷の人生において、これまでとは別世界のような平穏で恵まれた生活を享受したのでした。

桜田門外の変

万延元年（一八六〇）三月三日、水戸藩脱藩者一七名と薩摩藩士一名（有村次左衛門）が彦根藩の行列を襲い、大老井伊直弼を暗殺しました。誠忠組の藩士たちは、西郷や誠忠組のメンバーが水戸の浪士たちと謀議した井伊の暗殺という大事が成功したのですから、これを好機ととらえすぐに藩を挙げて東上すると期待していました。しかし、久光が諭告書に書いたのは、「遠い将来、時節が到来したら藩の総力を結集して行動する決心であるから、それまで信じて待つように」ということであり、単なる時間稼ぎだったのです。

「暴力が暴力の連鎖を生む」という今も昔も変わらぬ真理によって引き起こされたのが桜田門外の変であり、この事件は幕府の権威を大きく傷つけることになりました。

第三章　幕末日本の外交政策

幕府の外交政策

幕末に欧米列強がこぞって開港と貿易を求めて日本にやってきました。これに対し幕府はどのように対応したのでしょうか。幕府保有の咸臨丸で渡米し、幕府軍の軍事総裁の経歴を持つ勝海舟（勝麟太郎）の歩んだ道に沿いながら調べてみます。

弘化三年（一八四六）に、孝明天皇が即位（践祚）しました。黒船来航に対処すべく、老中主座の阿部正弘は大名や幕臣に広く意見を求めました。これに応じて、勝海舟（麟太郎）は海防意見書を提出したところ評価されて異国応接掛附蘭書翻訳に抜擢されました。勝家は小普請組という無役で小身の旗本でしたが、ようやく幕政に登用される道が開けたのでした。その後は、歴史上の人物として大活躍をします。

洋学所創設の下準備や、大坂湾検分調査に参加するなどした後、長崎海軍伝習所に入門し、蘭語の実力を買われて教監も兼任しました。そして五年間、長崎で過ごしました。この頃、海舟は薩摩を訪れ藩主島津斉彬と会っています。

薩摩藩は斉彬の指導の下、富国強兵策が着実に成功していました。実効支配していた琉球王国を通しての密貿易で多大な利益を得ていましたが、農業における特産品の育成にも成功していました。注目すべきは、集成館事業と呼ばれる工場群で工業生産を行っていたことです。反射炉（溶鉱炉）が建設され、地雷・水雷・ガラス・ガス灯、さらには西洋式軍艦「昇平丸」を建造し幕府に献上していたのです。海舟と斉彬の二人は斉彬が江戸詰めの頃から交流しており、斉彬は海舟の行動に大きな影響を与えました。

海舟はまた、当時有名な島田虎之助に剣術と禅を学び直心影流の免許皆伝の腕前でした。一六歳で家督を継ぎ、永井青崖《せいがい》に蘭学を学びました。語学にも優れた才能を発揮した海舟は、赤坂田町に私塾「氷解塾」を開き蘭学と兵法学を教えました。彼の資質は学ぶ者たちを引きつけ、生涯を通し多くの優れた人材を生み出しました。現在の東洋大学や専修大学の前身への支援も行っています。また、幕府や藩の垣根を越えた広い交友関係を持っていました。

万延元年（一八六〇）、日米修好通商条約の批准書を交換するために遣米使節団が派遣されることになりました。正使一行が乗船するアメリカ軍艦を護衛するという名目で幕府が所有するオランダ製の軍艦咸臨丸が派米されることになったのです。

出発前に「軍艦奉行」に昇進し遣米副使に任命されたのは木村摂津守（芥舟《かいしゅう》）でしたが、艦内組織は整っていませんでした。軍艦操練所教授方頭取（主席）であった海舟が咸臨丸の運用の実質的責任者になりました。通訳のジョン万次郎（中浜万次郎）は、海舟を艦長、木村を提督と説明していたということです。艦長という役職名はまだなかったのですが、ともあれ、咸臨丸は日本人の操縦で初めて太平洋を横断した軍艦だったのです。ちなみに、福澤諭吉らもこの咸臨丸に乗船していました。

大船建造の禁と禁令の廃止

江戸幕府が開設されて間もない慶長一四年（一六〇九）に大船建造の禁令が制定されました（慶長一四年九月の大船没収令）。これは、西国大名に向けられたもので、五〇〇石以上の軍船と商船を没収し水軍力を制限する目的でした。ただし、外洋航行を前提とする朱印船は除外されていました。

幕末になり、日本沿岸に欧米列強の軍艦が現れて幕府や諸藩に脅威を与えるようになりました。大型船を持たない日本はこれに対抗できません。先見の明のあった佐久間象山や水戸藩主徳川斉昭などは禁令の廃止を訴えていましたが取り上げられませんでした。それが、黒船来航によって眠りが覚まされ大船建造の禁止令は廃止されたのです。幕府は西洋の軍艦を買い入れるようになり、薩摩藩では西洋式軍艦の建造も行われるようになりました。

しかし、これでは手遅れです。やむを得ず、江戸の防衛のために砲台を並べて設置し、当時の最新の科学技術を持つ佐賀藩で作らせた洋式砲を据えさせて黒船再来航に備えようとしました。この品川台場に続き御殿山下台場など合計八つの台場が建設されました。これは泥縄式といわれても弁明のしようがないことです。ちなみに、「お台場」と称したのは幕府に敬意を払ったからだといわれています。埋め立てに用いた土は高輪の八ツ山や御殿山を切り崩して調達したのです。

咸臨丸での渡米から帰国した海舟は、軍艦操練所頭取として海軍に復帰し海軍力の興隆に尽力しました。海舟は、幕府の海軍ではない諸藩を加えた日本の海軍建設を目指しますが、保守派に受け入れられず、軍艦奉行も罷免されて約二年間蟄居生活を余儀なくされました。本書の主人公西郷隆盛と海舟が初めて会ったのはこの頃で、場所は大坂でした。西郷は、海舟を称賛する手紙を大久保利通に送っています。

明治元年（一八六八）、鳥羽伏見の戦いで戊辰戦争の幕が切って落とされました。幕軍が敗北し官軍の東征が始まると、幕府は勝を呼び戻しました。やがて二人は、官軍と幕軍の司令官として相対し江戸の町人を救う江戸城無血開城を実現したのでした。戊辰戦争については、章を改めて詳述します。

叡智が国を救う

幕末に欧米列強が開港と貿易を求めて日本に押し寄せてきました。東南アジアが武力で蹂躙されている状況は、日本の知識人に脅威を与えました。対応を間違えば国が滅びるのです。幕府の対応は泥縄式であり、場当たり式の対応策に追われていました。そして国内は、尊王攘夷派と公武合体派に分かれて争っていました。しかし、戊辰戦争前夜、官軍と幕府軍双方の指揮官であった西郷隆盛と勝海舟に共通していたのは、国内で争って外国の介入を許してはいけないという認識と確固たる決意でした。イギリスは官軍にフランスは幕府軍に味方しようと働きかけましたが、官軍、幕府軍双方とも外国軍の介入を認めなかったのです。これこそが叡智であり、日本を救ったのです。

これは、今日の日本人にとっても大きな教訓となるはずです。大国に囲まれた地政学的な環境は変えられませんから、日本人が武力を用いずに平和裏に生き残るための知恵として忘れてはならないことです。

第四章　島津久光の率兵東上

尊王攘夷と公武合体

明治維新前夜の日本では、尊王攘夷派と公武合体派に分かれて争いが展開されていましたが、ここで尊王攘夷と公武合体について説明しておきましょう。

当時の学問は、国学もありましたが、中国伝来の儒学が主流でした。尊王攘夷という言葉は、中国の春秋時代からある儒学の思想です。幕末の武士たちは儒学の中でも朱子学を中心に学んでいました。中国では中国至上主義の中華思想、外夷（外国人）蔑視が根本思想です。残念ながら、現代のわれわれ日本人の心の奥底にも外国人嫌いの感情は生き続けているように思われます。さて、本題に戻ります。

公武合体とは尊王攘夷と対語で、朝廷〈公〉の伝統的権威と徳川幕府と諸藩〈武〉が協力して幕藩体制を強化しようとする思想と運動をいいます。幕府にとって朝廷との関係を修復することは、崩れかけた権威を回復する効果が期待されました。それを具現化する方策が将軍徳川家茂に対する孝明天皇の妹和宮の降嫁でした。この方策は井伊直弼が考え出し、彼の死後に老中安藤信正が実現させたのでした。しかし、同じ公武合体派でも、越前藩の松平慶永（春嶽）、島津斉彬、土佐藩の山内容堂らは朝廷と幕府に加え外様の雄藩を含めた挙国一致を主張していました。それに加え、討幕の過激派浪人たちもおりましたから、国内は混乱を極めていたのです。

このように、国内には紛争の火種が至るところにあり発火点に達しようとしていました。

久光と西郷の衝突

薩摩藩主島津忠義の父久光は、桜田門外の変に続き坂下門外の変が起こると、藩内の誠忠組など尊王攘夷の過激派の興奮状態を抑えきれず、亡き斉彬の遺志を継ぐという名目で一〇〇〇名の兵を引き連れての率兵東上の決意を固めました。そのために、久光は、大久保と手を結び藩内の組織改革から始めたのです。

久光は若い忠義の藩政後見として実権を握ると、斉興が藩政後見となったときに引退した先代の斉彬の仕置家老（主席家老）島津上総を復職させて、家老座の中心として重用しました。しかし、斉彬に信頼されていただけあって久光のいいなりにはならず、久光の率兵東上に反対したのです。

久光は、上総ら家老たちを皆やめさせ、用意していた人々で自分の意のままになる新しい家老座に改組したのです。喜入《きいれ》摂津を仕置家老とし、大久保に近い小松帯刀と中山尚之介とを側役としました。この改組のために働いた大久保は抜擢されて御小納戸役となりました。また、藩内の若手を掌握するために、久光は誠忠組の有村俊斎・吉井幸輔・有馬新七・柴山愛次郎・橋口壮助ら主要人物もそれぞれ抜擢したのでした。

大久保は小松帯刀・中山尚之介の三名で東上計画の具体化について話し合っていました。その要点は三つありました。

一、西郷を奄美大島から呼び戻してこの計画に参加させること。これは、西郷が斉彬の命を受けて藩の垣根を越えて動き回って築いた大名、幕臣、著名な学者、諸藩の有為の士との幅広い人脈と、西郷自身の信望がぜひとも必要であると考えたからです。二、江戸幕府への工作。三、朝廷への工作。

以上のような計画を立て、おおよその役割分担も決めたのです。この計画を久光に提示し了承を得た結果、西郷は流刑の島から戻され政治の舞台に復帰できたのです。

西郷は奄美大島での約三年の潜伏生活から解放されて帰還しましたが、敬慕する斉彬を殺害したに違いない久光らが支配する薩摩藩に忠誠を尽くすのは心苦しいことでした。しかし主家である島津家の当主らを敵とすることはできません。久光に好意を持つことはできなくとも、一応の忠節は尽くしてから隠居しようという決意であったと思われます。西郷が久光を嫌っているという感情は相手方の久光にも当然伝わりますから、二人は生涯心を通わすことはありませんでした。双方にとっての不幸というべきでしょう。

文久二年（一八六二）二月、帰還した西郷は家老となった小松帯刀の屋敷に呼び出され、小松・中山・大久保の三名から久光の東上計画について説明を受けたのでした。三名は、西郷がこの計画を聞いて大喜びするだろうと期待していたのですが、西郷は冷徹な目で計画の杜撰さを徹底的に追及し、自分は反対であり協力もできないといって、中山と小松の説得を受けつけようとしませんでした。

手に負えないと判断した三人は、日を改めて久光から直接西郷を説得してもらおうと考えました。久光は、西郷を斉彬時代の地位（徒目付・庭方）に復職させる辞令を出してから引見したのです。しかし、西郷は久光の気遣いにも態度を変えません。小松、中山、大久保の三人に語ったとおり、計画の杜撰さを指摘したうえ、「今の情勢はもはや公武合体ではなく討幕をも視野に入れた大改革を断行しなければならない」との自説を説いたのです。

さらに、「斉彬の東上計画は、綿密な調査と幕府や朝廷に対する周到な根回しのうえに行われる準備をしており、それは斉彬公が世間から力量を認められその人格に対し敬意が払われていたから可能となったのであり、久光様は薩摩藩内では藩主様の御尊父であり実質的な支配者ではあっても、一歩藩を出れば、評価も定まらぬただの無冠の人にすぎない地ゴロ（田舎者）でしかないのではありませんか」と言ってしまったのです。

大恩人とも師とも仰ぐ斉彬を殺害した一味と睨んでいた西郷の、久光に対する怨念が言わせたのかもしれません。

これを聞いた久光は、兄斉彬にコンプレックスを抱いており、比較されたうえに侮られては西郷に対する憎悪の念を激しく燃え上がらせたと思われます。しかし、その場は冷静に取り繕って「このたびその方を島から呼び返したのは上京計画実行を補佐させるためであり、それを猶予することはできない。すでに幕府への出府願いもしているのだ」と説明しました。

西郷は「それだけの御決心であられるなら、仕方はございません」と引き下がったのです。

翌日、久光から、西郷に参府確定を条件として策を立てるようにとの通達が出されました。これに対し、西郷は上下二つの提言をします。上策は、参府を中止して、国許に割拠していただきたい。下策は、藩の汽船天祐丸で関東に直行していただきたいというものでした。「陸路で行けば、京都では騒動が起こる」という情報もありますと書き添えたのでした。これは、有馬新七ら尊王攘夷激派の志士の動きを指したと思われます。

さて、提言を文書にすると、翌日には西郷は「提言の結果がどうなろうとこれで島津家への義理は果たした」とばかりに「足の治療のため」という届けを出してさっさと辺鄙な指宿の温泉に出かけてしまったのです。

ところが、西郷が城下を出た後、鹿児島には久光の東上を知った肥後や豊後、長州、土佐などから有志が続々と押し寄せてきたのです。その情報が指宿の西郷に伝えられると、西郷は二週間で逗留を切り上げて鹿児島に戻る決意をしました。斉彬が目指した国を建て直す秋《とき》の到来を感じたのかもしれません。

西郷の先発

城下に戻った西郷は、久光に「諸国の浪人がご一行に随行して障碍になるのを避けるために自分が先発して彼らを統制したい」と申し出て許しを得ました。

率兵東上のため薩摩を出発するにあたり、久光は随行藩士一同に次のような訓示を行いました。

幕府が欧米諸国と通商条約を結んで以来、天下の人心は乱れて、有志と称する者どもが、尊王攘夷を趣旨とする激烈な説を唱えて、四方に会い結び、容易ならぬ企てをしている由で、わが藩中にもその者どもと連絡を取り合っている者がいると聞いている。つまりは勤王の志に感激してのこととは思うが、諸藩の過激な士や浪人どもの企てに引きずり込まれて、軽率なことをしでかしては、藩の禍害となるのはいうまでもなく、全日本の乱れを引き起こして、ついには群雄割拠の形勢となり、かえって外国人どもに乗せられることになる危険がある。不忠不孝の大罪悪となることである。余の此の度の中央乗り出しは、公式（朝廷と幕府）のために余が胸中にいだいている微志を実行するためであるから、随行の者どもは、過激な士や浪人どもとは一切交際を断ち、余の統制に従って動くようにせよ。……

右のことを納得せず、違反する者は、藩のため、日本のためを考えない者であるから断然たる処罰をする。右心得よ。

という内容でした。西郷ももちろんこれを知っていました。

久光は、西郷に肥後の様子を視察し下関で待つように命じていました。西郷は、下関で久光一行と落ち合う約束で村田新八と森山新蔵を連れて先発したのでした。

長井雅楽の建白書

島津久光の率兵東上の意図を知るために、久光の率兵東上を知った長州藩士・長井雅楽《うた》が、朝廷へ提出した建白書の概要をみてみましょう。

この頃、不逞の浪士達が勤王攘夷と称して討幕の策をめぐらしています。これは朝廷と幕府の間を裂き、機に乗じておのれの栄達を図ろうとしているのですから、決して近づいてなりません。彼らのいう攘夷は最も危険無謀なことです。この問題については、西洋列国は、大艦巨砲の利器を多数備えていますから、現在の日本の一〇倍の力をもってしても到底立ち向かえません。もしも、敵の軍艦数千隻が木の葉のごとく、日本の周辺の海に浮かんで押し寄せてくれれば、海上交通の道は全く絶えて、半年一年の後にはどうなるでしょう。京も江戸も危険となることは申すまでもありません。無知無責任な浪士共はこの考慮なく、幕府の深謀も知らず、薩藩士等と結び、島津久光を擁して、近く上京するという噂です。もし久光が伏見に到着しましたら、朝廷においては彼をして、一刻も早く公武一和の運びになされねば、朝廷の御大事になりましょう。久光への説諭については、もし御下命くださるなら、不肖ながら拙者があたりましょう。

久光も長井と同じ考えです。公武一和（合体）を実現するために東上を決意していたのです。討幕でなければ新日本の建設はあり得ない、と考えていた西郷や大久保とは決定的に違っていたのです。一方、有馬新七を中心とする誠忠組激派は、大坂で久光とは別の過激な行動計画を立てていました。それは、関白九条尚忠を襲って幽閉し、京都所司代酒井忠義を討ち取り、幽閉されている青蓮院宮（中川宮）を助け出し、宮から天皇に我らの志を奏上してもらい、討幕の勅を頂いてから、久光を盟主に担ぎ上げるというものでした。

文久二年（一八六二）四月一七日、大坂滞在の誠忠組の柴山愛次郎と橋口壮助に、在京の堀次郎から手紙がきました。公卿たちが、久光の働きかけに応えて久光の上京目的を天皇に上奏したところ、天皇も喜んでいるとの知らせでした。久光は、藩兵に万事うまく運んでいるので、過激な行動は控えるようにとの指示を出しました。翌一八日には、久光から命を受けた奈良原喜八郎と海江田信義が京から大坂の有馬新七を訪ね、自重して静観するようにと説得にあたりました。さらに、二〇日には、大久保一蔵（利通）までが誠忠組の田中河内介と小川弥右衛門を伴って大坂にやってきて柴山と橋口に会い、ついで藩邸で有馬にも会って「諸君らは久光公の提言によって天皇の御親兵となるのだから、今は自重して静観しているように」と説得したのでした。

しかし、これは逆効果でした。誠忠組激派の面々はその場は取り繕いましたが、内心では久光に対する不信の念を燃え上がらせたのです。大久保が去った後、有馬と橋口らは集まり、熱心に話し合いました。「もはや大久保も久光公も信頼できない。われわれだけでやるよりほかはない」という結論に達したのです。久光一行とは別行動をとることに決めたのです。

さて、先発した西郷一行三名は下関に着きました。西郷は、まず長州藩の山田亦介《またすけ》、久坂《くさか》玄瑞と面会したのです。長州藩は、討幕の意志が強く久光の東上が討幕につながることを期待していました。長州藩の長井雅楽は、公武合体論を掲げて公家や幕府の高い評価を得ていました。しかし、吉田松陰門下の人々は倒幕を望み長井を嫌っていました。さらに、幕府において長井を支持していた老中安藤信正が坂下門外の変により失脚したため、孝明天皇が外国人嫌いであることも手伝って尊王攘夷と討幕の気運が急激に復活していたのです。

山田、久坂との会談において、西郷は久光が討幕を考えていないという本意は隠しながら、一〇〇〇人の兵を率いての東上となっては長州藩の期待に添う事態（討幕）もあり得るとの観測も示したのでした。西郷は、世間の討幕の気運が熟せば久光の方針を公武合体の実現者から討幕の盟主に担ぎ上げることが可能と考えていたのです。

久坂からは誠忠組の同志堀次郎が長井に心酔し公武合体に傾いていることを知らされました。これは、西郷にとって驚きでしたが、長井が堀を朝廷との橋渡し役にしようとしていたことを、長井が朝廷に差し出した上書の写しを伏見の薩摩藩留守居役から見せられ確認することになりました。公家たちも一枚岩でなかったことがわかります。

西郷自身は、久光の考えに従わず、長州藩の志士たちの希望にそって久光の率兵東上を遅らせ、江戸の長州藩主の指導を仰ぐための時間稼ぎをする決心をして会談を終えたのでした。

ところが、西郷の耳に有馬ら過激派が動き出しているとの情報が入ったのです。「このまま久光一行が京や大坂に入っては大変な事態になる、何としても抑えねば」と考え、久光の待機命令を破って、急遽大坂に向かったのでした。大坂に着いた西郷は、過激な志士たちの京都焼き討ちや挙兵計画を止めるべく尽力しました。しかし、下関にて待機せよという命令に従わず、出発時の訓令にも違反したことに久光は激怒しました。しかも、久光は「この騒動を扇動したのは西郷らである」という讒言《ざんげん》も受けていました。

そもそも、西郷を快く思っていなかった久光でしたから、ただちに西郷らの捕縛命令を出しました。捕えられた西郷は、船で薩摩に送られる途中で徳之島への流罪が決定し、最終的には死刑と同じ極刑とみられていた沖永良部島への島流しとなったのです。

高温多湿の地での野ざらし、吹きさらしの監獄生活は、監視の目も厳しく熾烈を極め、西郷は健康を害しました。しかし、西郷の状況を憂いた島の間切横目・土持政照は、私財を投じて雨ざらし同様の獄舎を改築し、西郷の生活環境を改善したのでした。

西郷が流刑から許されて本土に帰るにあたり、苛酷な牢獄生活の中で自分の命を救ってくれた島の役人・間切横目《まぎりよこめ》（警察官）の土持政照に勧めて「豊作のときに穀物を倉に備蓄させ飢饉に備えさせた」という逸話が残されていますが、これは聖書の創世記にあるヨセフ物語として有名ですから、西郷の聖書の知識を垣間見ることができます。

やがて健康を取り戻した西郷の元へは、鹿児島の仲間たちからの情報も届くようになったのです。

寺田屋騒動

久光一行が七百余名を従えて鹿児島を出立し、伏見に着いたのは文久二年（一八六二）四月一三日でした。一六日には入京し、朝廷から志士鎮撫の命を授かっています。

その頃、京都伏見の薩摩藩の船宿寺田屋では、統制者を失った藩内の尊王攘夷激派が久光の上洛に呼応しての挙兵計画をしていました。まず幕府寄りの九条関白と酒井京都所司代の暗殺から始める予定で、決行日を四月二三日と定めていたのです。

ところが、この情報が久光の知るところとなりました。久光は、使者を送って説得しますが成功しませんでしたので、四月二三日夜、奈良原繁・大山綱良ら剣の使い手八名を、尊王攘夷激派三十余名が集結する寺田屋に送り込んだのです。有馬新七らは上意討ちになり、二名は自刃、同席していた他藩の活動家の中、真木和泉は藩地送還となり、田中河内介父子は護送中に殺害されたのです。

これが寺田屋騒動（薩摩藩士粛清事件）です。この戦闘で襲われた側の死者は六名、負傷者二名（後に切腹させられた）、残りの大半は投降しましたが逃亡者も出ました。また、鎮撫使側にも死亡一名、重傷者一名、軽傷者四名が出ました。久光の迅速な鎮撫行動に対し朝廷は報償として久光に短刀を下賜しました。

朝廷の信望を高めた久光は、朝廷から幕府改革の勅諚を与えられました。そして江戸に向かい幕政改革を目指したのです。

その内容は、一、将軍家茂の補佐役として一橋家当主・一橋慶喜を将軍後見職に任命し、越前藩の前藩主・松平慶永を政事総裁職に任命する。二、剰余の官吏を削減する。三、京都所司代の上に京都守護職を新設する。四、参勤交代の緩和をする（これまで隔年交代制であった大名の参勤交代を三年に一度に改め、江戸在留期間も百日とした。また、人質として江戸に置かれていた大名の妻子の帰国も許可された）。五、洋学の推進。蕃書調所を洋書調所と改め、洋学研究を梃入れする。六、軍制改革。西洋式兵制の導入し、幕府軍を陸・海軍に分けてそれぞれに総裁・奉行を置き、その下に常備軍を編成し、艦船をアメリカ、オランダに発注するとともに、オランダへ留学生を派遣する。七、学制その他の改革、洋学教育の導入等々でした。

人事、職制、諸制度にわたる改革でいわば非常時体制への移行を示すものでした。弱体化していた幕府が、薩摩藩主の父・島津久光と朝廷の公武合体派公卿らの主導で出された勅使による圧力に屈して、やむを得ず行われた改革でした。これが、世にいう「文久の改革」です。

生麦事件

文久二年（一八六二）六月七日、久光は勅使大原重徳を護衛するという形で、意気揚々と江戸に入りました。大原重徳は、将軍徳川家茂に幕政改革の勅命を伝え、幕府はその要求を全面的に受け入れました。目的を達成した久光一行四〇〇人余りは、勅使一行より一日早く京へと向かったのでした。

ところが、八月二一日、東海道生麦村（現在の横浜市郊外）に差しかかったとき、騎馬の男性三人と女性一人の一団と出会ったのでした。彼らは、観光目的で乗馬を楽しんでいたのでした。薩摩藩士は身振り手振りで下馬して道を譲るように訴えますが通じません。道幅いっぱいに広がっていた行列の真ん中を進み、ついに久光の乗る駕籠のすぐ近くまできて、あわてて馬首をめぐらそうとしてあたりを蹴散らす格好になってしまいました。四人は逃げようとしたのですが、時すでに遅く、藩士数人が四人に斬りかかったのです。チャールズ・レノックス・リチャードソンは深手を負い、二百メートルほど先で落馬し、とどめをさされました。他の二人の男性は傷を負いながらも神奈川にあるアメリカ領事館として使われていた本覚寺に駆け込んで助けを求めました。ただ一人の女性マーガレット・ボロデール夫人は横浜居留地に駆け戻り救援を訴えました。横浜居留民の多くは武力報復を叫びましたが、イギリス代理公使ジョン・ニール中佐は冷静に考え、現実的な戦力不足と全面戦争に発展した場合の不利を説いて騒動を抑え込み、幕府との外交交渉への道を選択したのでした。

横浜居留地からの報復を恐れた久光一行は、神奈川宿に宿泊する予定を変更して保土ヶ谷宿に宿泊しました。幕府役人たちが事件を神奈川奉行所へ報告するよう求めると、翌日付けで「浪人三、四人が突然出てきて外国人一人を討ち果たしてどこかへ消えたもので、薩摩藩とは関係ない」という届け出をすると、奉行が引き止めるのも聞かず逃げるように京へ向かったのでした。「行きはよいよい　帰りはこわい」の心境だったでしょう。

神奈川奉行から報告を受けた老中板倉勝静《かつきよ》は、薩摩藩江戸留守居役に対して事件の詳細な報告を求めたところ、数日後に「足軽の岡野新助が、行列に馬で乗り込んできた異人を斬って逃げた。探索に努めているが依然行方不明である」と報告した。神奈川奉行からの詳細な報告を受けて事件の概要を把握していた幕府は、このでたらめな報告に憤慨し、江戸留守居役に出頭を求め糾弾しましたが、薩摩藩側はしらを切り通したのでした。

これは、幕府の権威喪失と雄藩の実力のバランスの拮抗がもたらした現実を示した事件といえるでしょう。

しかし、この生麦事件を契機に、朝廷は攘夷一色に染まってしまいました。久光と薩摩藩が目指したのは幕政を改革し幕府の外国貿易独占を改めさせることと公武合体でした。京に戻ると、久光は孝明天皇から歓迎を受けました。しかし、長井雅楽の支持者であった老中安藤信正が坂下門外の変で失脚し、長州からは過激な尊王攘夷論が朝廷に入り込んでいるのを見て、久光は満たされない思いを秘めて鹿児島に戻ることになったのでした。その久光の心を悩ましていたのは、イギリス艦隊が薩摩に来襲するという噂でした。

薩英戦争

文久三年（一八六三）の年明け早々、生麦事件の処理に関するイギリス外務大臣ラッセル伯爵の訓令がニール代理公使の元へ届きました。これに基づき、二月一九日、ニールは幕府に対して謝罪と賠償金一〇万ポンドを要求しました。さらに、薩摩藩に対しては幕府の統制が及んでいないとして、艦隊を薩摩に派遣して直接同藩と交渉し、犯人の処罰および賠償金二五〇〇〇ポンドを要求することを通告したのです。幕府に圧力を加えるため、イギリス・フランス・オランダ・アメリカの四カ国艦隊が順次横浜に入港しました。

このとき、将軍徳川家茂は上洛中で、滞京中の老中小笠原長行が急遽呼び戻され、諸外国との交渉にあたることとなりました。賠償金の支払いをめぐって幕議は紛糾します。外国奉行水野忠徳らの強硬な主張もあっていったんは支払論に決まりますが、しかし、攘夷の勅命を帯びて将軍後見職・徳川慶喜が京都から戻り、道中より賠償金支払い拒否を命じたため事態は混乱し、支払期日の前日(五月二日)になり支払延期が外国側に通告されました。これにニールは激怒、彼は艦隊に戦闘の準備を命じ、横浜では緊張が高まりました。

再び江戸で開かれた評議においては、水戸藩の介入もあって支払い拒否が決定されたのですが、五月八日、小笠原長行は海路横浜に赴き、独断で賠償金の交付を命じたのです。翌九日、賠償金全額がイギリス公使館に輸送されました。しかし、小笠原は、賠償金支払いを済ませて再度上京の途につき、大坂で老中を罷免されました。このとき、慶喜は横浜に滞在しており、小笠原と入れ違いに江戸に戻ったのです。小笠原との間に賠償金支払いをめぐって黙契が存在していたといわれていますが、不明です。

幕府との交渉に続いて、イギリスは薩摩藩と直接交渉するため、六月二七日に軍艦七隻を鹿児島湾に入港させました。しかし、交渉は不調に終わり、イギリス艦は七月二日になって薩摩藩船を拿捕しました。これに対して薩摩藩が砲撃を開始し、薩英戦争が勃発しました。

アームストロング砲を備えた最新鋭の軍艦の砲撃はすさまじく、斉彬が築き上げた工場群や城下町を焼失するなど、甚大な被害を受けました。一方のイギリス艦隊側もイギリス艦隊の旗艦ユーリアラス号の艦長をはじめ、一三名が死傷するなど損傷は大きく、四日には艦隊は鹿児島湾を去り戦闘は終わりました。一〇月五日、イギリスと薩摩藩は横浜のイギリス公使館で講和を結びました。薩摩藩は幕府から借りた二五〇〇〇千ポンドに相当する六〇三〇〇両をイギリス側に支払い、講和条件にあった生麦事件の加害者の処罰は「逃走中」とされたまま行われませんでした。

これ以後、薩摩藩は武力による攘夷は不可能と悟り、再び斉彬が目指した富国強兵の道を歩むことになりました。京や大坂での薩摩の評判は次第に下がり、発言力も失っていきます。薩摩藩首脳たちは自分たちの力量不足を悟りました。そして、ここは藩の垣根を越えた広範な人間関係と誰もが認める人望を備えた西郷に頼らざるを得ないという結論に達したのです。

寺田屋事件の生き残りである柴山らは、久光のお気に入りの家臣である高崎左太郎と高崎五六に西郷赦免を願い出るように頼みました。久光の面前で二人は、「もし、西郷赦免の願いをお聞き入れなくば、有志一同、割腹つかまつる所存でございもす」と願い出たのです。

これに対し久光は、「太守公（藩主忠義）に伺いを立て、裁決を請うがよい」といったのです。

久光にとっても、個人的な感情を別とすれば、薩摩藩の今後のために西郷が必要な人物であることはわかっていたのです。久光にとっては、まことに苦々しい決断であったと思われます。

こうして、元治元年（一八六四）二月二八日、西郷は一年八カ月ぶりに鹿児島本土に帰還できたのです。西郷は三六歳になっていました。

西郷の心には「久光様は、やはり地ゴロ（田舎者）だったのだ」との思いが浮かんでいたことでしょう。

下関戦争

ここで、時計の針を少しだけ戻し、長州の攘夷運動の状況に触れてみます。

孝明天皇の強い要請を受けて、将軍徳川家茂は、文久三年（一八六三）五月一〇日をもって攘夷を実行すると約束しました。

長州藩では、いち早く馬関海峡（関門海峡）を封鎖し、通過する外国船に対し無通告で砲撃を始めたのです。これに対し半月後に、アメリカとフランスの軍艦が海峡内に停泊中の長州の軍艦を砲撃し、長州海軍に壊滅的な打撃を与えました。これが、下関事件（馬関戦争）です。

しかし、長州藩は砲台を修復し、対岸の小倉藩領の一部をも占領して新たな砲台を築いて防御を強化し、海上封鎖を続行したのです。

その後、元治元年（一八六四）七月、海峡封鎖で多大な経済的損失を受けていたイギリスは長州藩に対する懲戒的な報復を決定し、フランス、オランダ、アメリカの三国にも呼びかけて、一七隻からなる連合艦隊を編成しました。そして、八月五日から七日にかけて馬関と彦島の砲台を徹底的に砲撃し、各国の陸戦隊が上陸作戦を展開して占拠・壊滅したのです。これが下関戦争（四国艦隊下関砲撃事件）です。

先進諸国の圧倒的な武力をみせつけられた長州藩は、これ以後、武力での攘夷を断念し、海外の新知識や技術を導入して軍備軍政の近代化を目指す方向へと転換したのです。

第五章　第一次長州征伐

八月一八日の政変

尊王攘夷運動が最大の盛り上がりを見せたのは、文久三年（一八六三）でした。久光が帰郷した後の京の町では、「天誅」と称するテロが横行して尊王攘夷の妨げになると思われる人物が次々に暗殺されていました。朝廷内の急進派三条実美や姉小路公知《あねがこうじきんとも》と長州藩の尊攘派藩士たちは、朝廷を意のままに動かし、天下を取ったように傍若無人に振る舞う状況となっていました。

これに対し、暴走を止めるべく二つの藩が立ちあがったのです。一つは、前年八月に京都守護職となっていた松平容保の会津藩です。彼は一二月に藩兵約千名を引き連れて京都に入りました。このとき、浪士たちの非組織であった新撰組も会津藩預かりで警察活動をしています。もう一つは薩摩藩です。久光は公武合体を目指していましたから、会津藩とは利害関係が一致して手を握ったのです。

将軍家茂は、孝明天皇の強い要請に屈して攘夷実行の日を五月一〇日と約束していました。

五月一〇日の攘夷決行の日を迎え、長州藩は下関海峡でアメリカ商船を砲撃して攘夷を実行に移しましたが、他藩はこれに続かず、長州藩が欧米艦隊から報復攻撃を受けるに及んでも、なおも傍観を決め込んでいたのです。

孝明天皇は、熱心な攘夷主義者でしたが、それ以上に急進派の横暴を快く思っておりませんでした。この状況で動いたのが公武合体派の会津藩と薩摩藩でした。両藩は、中川宮朝彦親王を擁して朝廷における尊攘派を一掃する計画を立て、一七日に天皇からの密命を受けました。

文久三年（一八六三）八月一八日未明、薩摩藩兵一五〇名と京都守護職の会津藩主松平容保率いる一五〇〇名の藩兵が御所の門を固めました。両藩の意を受けた公武合体派の中川宮朝彦親王は、急遽参内して、長州藩や土佐藩の尊攘派を担いでいた三条実美ら七名の公卿の参内を禁ずる勅許を得ました。それと同時に、長州藩は堺町御門の守衛を免じられ、三条実美ら七名の公卿と共に、都落ちせざるを得なくなったのです。世にいう「八月一八日の政変」です。七名の公卿の都落ちは「七卿落ち」といわれています。

参与（預）会議

八月一八日の政変で、朝廷の評価を高めた島津久光は幕府改革の提言が受け入れられました。そして生まれたのが参与会議です。朝廷は有志大名を上京させ、混迷する政局を安定させるため朝政改革をも含めた合議による諮問機関を設けようと考えたのです。その参与会議のメンバーは、一橋家当主徳川慶喜、薩摩藩主島津忠義の父久光、越前前藩主松平慶永、宇和島藩前藩主伊達宗城、土佐藩前藩主山内豊信、京都守護職・会津藩主松平容保の六名でした。これは、公武合体の目的を実現するものと考えられます。

参与の職務は二条城を会議所とし、二日おきに参内して天皇の御簾《みす》前で朝議に参加するというものでした。しかし、徳川慶喜は、この会議が久光の発議によるものであり、朝廷を動かした結果であることに気づき警戒心を強めたのでした。そのため、横浜鎖港問題をきっかけに久光と慶喜の激しい対立が露呈しました。そして、参与全員が辞職することとなり、わずか数カ月で参与会議は崩壊してしまったのです。慶喜のほうが、役者が上ということだったのでしょう。

西郷の帰還と禁門の変（蛤御門の変）

西郷が沖永良部島から鹿児島に戻されたのは文久二年（一八六二）でしたが、長期にわたる過酷な流刑生活で足腰が弱っていたので、駕籠を使って自宅まで帰り、その翌日斉彬の墓に参詣した際も、這うようにして行ったという手紙が残されています。また、風土病に罹患し、体調不良であったようです。そんな西郷でしたが、早速、久光から京都へ呼び出され、軍事司令官と諸藩応接係（外交官のような役職）を命ぜられました。この時から西郷の縦横無尽な活躍が始まるのです。久光にとって西郷は気に入らない存在でしたがその力は評価していたのです。

当時の薩摩藩は、参与会議が瓦解したことで久光の主唱する公武融和策は頓挫し、幕府との関係も良好でないばかりか、八月一八日の政変の影響で、尊王攘夷派からは会津藩と共に悪評を被り、怨嗟の的となっていました。西郷はそのような状況を踏まえ、会津藩とは一定の距離を保ち、まずは禁裏守護を専一に努めることで、京都での薩摩藩の信頼回復に尽力しました。

八月一八日の政変で京都から追放された長州藩は、元治元年（一八六四）六月五日に、長州藩士を中心に尊攘派約三〇名が京の「池田屋」で会津藩預かりの新撰組の襲撃を受けました。この「池田屋事件」に激昂した長州藩内の急進派が京都に向けて大軍で進発してきたのです。

これに対し京都所司代の桑名藩主松平定敬《さだあき》は、薩摩藩にも出兵して一緒に戦うことを要求しましたが、西郷は、「このたびの戦いは、長州と会津との私闘でごわす」とばかりに会津との共闘を拒否し、薩摩藩は禁裏守護に徹するとの方針を貫徹したのです。

元治元年（一八六四）七月一八日、京と周辺を囲むように布陣していた長州藩兵が動き出し、御所に向かって進撃を開始しました。長州藩兵は「八月一八日の変」以来の積もりに積もった恨みを晴らすかのごとく、その勢いはすさまじく、会津藩兵を蹴散らし御所内に迫る勢いをみせ、蛤御門を中心に攻めかかりました。

この状況を知った西郷は、自ら重装備の薩摩藩兵を率いて蛤御門に駆けつけ、長州勢と激しい戦いを繰り広げました。西郷自身も軽傷ながら被弾するなど、蛤御門周辺の戦いは壮絶な激戦となりましたが、西郷の指揮の下に薩摩軍が見事に長州勢を撃退したのでした。これが世に言う「禁門の変（蛤御門の変）」です。

第一次幕長戦争（第一次長州征伐）

御所に向けて砲撃した長州は朝敵となりました。孝明天皇は幕府に対して長州追討の勅命を発しました。

幕府は、長州藩主毛利敬親《たかちか》と養嗣子の定宏を断罪するため尾張藩、越前藩および西国諸藩からなる総勢一五万人の征長軍を編成しました。征長総督（司令官）は尾張藩の前々藩主徳川慶勝で、将軍から全権委任を受けており軍事指揮権を持っていました。副総督は越前藩主松平茂《もち》昭《あき》で一〇月二二日に大坂城で軍議を開きました。一〇月二四日、大坂において西郷は総督慶勝に長州藩降伏への行程企画案を述べました。すると、慶勝はその場で西郷に脇差一刀を与え信認の証とし、西郷は征長軍の全権を委任された上、参謀格となったのです。これは、慶勝の英断というべきでしょうか。

一一月一一日までに各藩は、持ち場の五道（五つの攻め口）に着陣し、一週間後の一八日に一斉に攻撃を開始することを決定しました。

西郷は、慶勝の命を受けて税所篤《さいしょ》と吉井幸輔を伴って長州に入り、禁門の変に加わった三家老の切腹、参謀の斬首、三条実美ら五卿の筑前への転居、藩主父子には謝罪文を提出するという処分を行ったのでした。これに対し、副総督や九州諸藩からは、寛大すぎるという不満の声が上がりましたが、西郷は必死に説得して回りました。西郷は、雄藩同志の協力の必要性を確信していたのです。

徳川慶勝は、後の戊辰戦争において幕府軍と新政府軍の戦いを回避するために尽力した功労者でもありました。次章で詳しく述べたいと思います。

第六章　維新前夜

明治維新への道

明治維新は、幕藩体制国家から近代天皇制国家へと激変した変革です。武士による革命と呼ばれることもあります。一九世紀後半の欧米列強の発展と、日本の商品経済の発展の融合の中で行われたのでした。それは、本書の主人公西郷隆盛が大活躍した戊辰戦争によって達成されました。西郷の活躍を中心に明治維新への歴史を振り返ってみます。

西郷が生まれたのは文政一〇年（一八二七）ですが、続く天保の時代には伊勢参りが大流行していました。孝明天皇が即位したのは、維新前夜の弘化三年でした。嘉永二年（一八四九）には、水戸藩第二代藩主徳川光圀の命により編纂された『大日本史』が朝廷に献上されています。この年、イギリス軍艦マリナー号が浦賀に到来しています。そして、嘉永六年（一八五三）に島津斉彬が家督を相続しました。その年、ペリーが浦賀に来航したのです。

第一章で紹介しましたが、「泰平の眠りを覚ます上喜撰　たった四杯で夜も眠れず」という狂歌は、社会風刺や皮肉、滑稽を盛り込んだ短歌で、江戸末期に大流行し、社会現象といわれるほどでした。泰平の眠りとは、鎖国で世界への目が閉ざされていた日本社会であり、上喜撰とは上等なお茶の銘柄です。この狂歌の世相描写は見事というほかありません。嘉永六年（一八五三）の黒船来航（ペリーの浦賀来航）は、近代日本の幕開けを告げる号砲でした。

鎖国政策は欧米のキリスト教国の侵略から日本を守り、徳川幕府が貿易を独占するのが目的でした。しかし、慶長八年（一六〇三）に徳川家康が江戸幕府を開いてから既に二五〇年が経過しており、幕府の体制の箍《たが》はすっかり緩んでいたのです。

薩摩藩の富国強兵政策

当時、先進国の最先端の科学技術を取得していたのは肥前佐賀藩（鍋島藩）でした。佐賀藩では自力で武器や弾薬の製造を行っていました。薩摩の島津斉彬は、佐賀藩が取得した書籍などによる科学技術の知識を導入し、自藩の力で生産しようと考えて工場集団・集成館事業を興し、反射炉（鉄の精錬を行う金属溶解炉）の建設、地雷、ガラス、ガス炉などを製造し軍事力強化を図ったのです。嘉永四年（一八五一）には、土佐藩の漂流民でアメリカから帰国したジョン万次郎を招いて、藩士に造船法を学ばせ、洋式帆船「いろは丸」を建造しています。安政元年（一八五四）には、洋式軍艦「昇平丸」を建造して幕府に献上しているのですから驚きです。黒船来航以前から蒸気機関の国産化を試み、日本最初の蒸気船「雲行丸」を建造しました。

鎖国当初、貿易はオランダだけに限られていましたが、幕末においては、琉球王朝を実質支配していた薩摩藩は密貿易を盛んに行うとともに、地場産業の育成を図って藩の財政を潤していました。富国強兵政策の成功により薩摩藩は軍事力と経済力を備えた雄藩の中でも最強の藩となっていました。

ところで、江戸時代は想像を超える極端な格差社会でした。薩摩藩内では、一門《いちもん》、門閥《もんばつ》、一所持《いっしょもち》、寄合《よりあい》、小番《こばん》、新番《しんばん》、小姓組《こしょうぐみ》、与力《よりき》の八段階あり、西郷家は下から二番目の小姓組でした。西郷は、当代一の開明派大名と言われた島津斉彬に認められて御庭方となり直接教えを受けることになったのです。

西郷の実家の状況はといいますと、西郷は結婚していたのですが、あまりの貧窮を見かねた妻の実家が嫁を引き取ったのです。そして、弟の吉二郎が一家の面倒をみるという貧しい生活のままだったのです。

西郷が御庭方となったのは二八歳のときでした。斉彬から直接教えを受けるとともに、参勤交代の伴揃として江戸の地を踏んだのはペリーが再来航した年でした。そして、斉彬の使いとして全国を回るなかで評判の高かった水戸藩の藤田東湖始め当時高名の指導者や学者に直接会って自己研鑽をする貴重な機会を得たのでした。

孝明天皇の攘夷思想

そもそも、攘夷というのは中国の春秋時代の言葉で、夷人（外国人）を攘《はら》うという意味です。孝明天皇は欧米人を嫌う攘夷思想の持ち主だったといわれていますが、その当時、日本と諸外国との金銀交換比率に対する幕府の配慮が欠けていたために、日本から大量の金が流出する事態となりました。また、外国人が増えたために食糧をはじめ諸物価が品不足のために高騰し庶民生活に打撃を与えていたのです。そのため、日本人の多くが攘夷意識に染まっていったのです。

孝明天皇の攘夷意識は、単なる外国人嫌いではなく、国の経済と庶民の生活を憂えた結果であると思われます。孝明天皇は、「攘夷意識」と「皇国史観」に凝り固まった頑迷な世間知らずではなかったのです。むしろ、国と民を思いやる心を持つ優れた君主であったといえましょう。

安政二年（一八五五）には大地震も起こりました。不思議なことに、日本では大変革時には必ず火山の噴火や大地震などの天変地異が起こっています。明治維新への地鳴りとでもいえそうです。

ペリーが再来日すると、時代は一気に開国へと向かいます。安政元年（一八五四）には、日米和親条約を締結しましたが、安政五年（一八五八）六月には日米修好通商条約が締結され、続いて蘭・露・英・仏と修好通商条約に調印（安政五カ国条約）したのです。

幕府は、圧倒的な軍事力を背景とする米国の要求を受けて締結した条約でしたが、事後承諾を得るために老中堀田正睦が京に上って勅許を願い出ましたが、孝明天皇は攘夷論者であり尊攘派の工作もあって失敗に終わりました。幕府は、勅許は簡単に得られると楽観視していたようです。

安政五年（一八五八）頃の西郷は、島津斉彬の意を受けて橋本左内や梅田雲浜《うんぴん》らと計り、英名の誉れ高い徳川（一橋）慶喜を将軍家定の後継とすべく活動していました。

横道にそれますが、江戸時代の大名には、親藩、譜代、外様がありました。親藩とは、徳川家康の男系男子の子孫を始祖とする藩です。将軍の血筋を絶やさないようにする役目を担っていました。その他の家は松平を名乗っていました。譜代大名とは徳川家の譜代（代々主家に仕える）の家臣で、城地を与えられ大名格を与えられた武将です。それ以外の徳川家の家臣は直轄軍に編成されて後の旗本や御家人となったのです。関ヶ原の戦い前後に徳川氏の支配体系に組み込まれたのが外様大名です。本題に戻りましょう。

老中阿部正弘は島津斉彬と親しい仲でした。彼は、国の存亡に関わる国難を乗り切るために朝廷をはじめ諸大名や外様大名そして市井の知識人の意見に耳を傾ける聡明な人物でした。しかし、安政四年（一八五七）、老中在任のまま江戸で急死したのです。その老中職を継いだのは堀田正睦でした。その堀田も引退し、ついに井伊直弼が大老として登場しました。大老となった井伊直弼の彦根藩は、譜代大名中の最高の三五万石という大藩でした。徳川家康の信任を得て抜擢され重臣となったのが初代藩主井伊直政でしたが、その後の井伊家は幕閣の中枢を担うようになっていました。その直政の血筋を引く直弼が大老となったのです。

　安政の大獄と呼ばれる大弾圧が行われました。

長州藩と奇兵隊

　長州藩の奇兵隊に触れておきます。奇兵隊は、文久三年（一八六三）の下関戦争後に高杉晋作らの発案で組織されました。長州藩諸隊と呼ばれる、武士と庶民からなる混成部隊のことです。藩の正規軍の反対の意味を持つのが奇兵隊です。職業別などによるいくつもの奇兵隊がありました。その運営は各奇兵隊の代表者による合議制でした。

　高杉らは、第一次幕長戦争（第一次長州征伐）で敗北し亡命生活を送っていましたが、やがて帰藩して、軍監として奇兵隊の実権を握っていた山縣有朋らと共に諸隊によるクーデターで勝利し、藩政の主導権を握りました。保守派が一掃されると、長州藩の方針は倒幕一色にまとまりました。

　しかし、当時の薩摩と長州の関係は最悪でした。両藩は、幕末において雄藩として大きな力と影響力を持っていました。薩摩は島津久光の公武合体の立場でした。一方の長州は過激な破約攘夷論の反幕的な立場で互いに反発しあっていたのです。

薩長同盟（密約または盟約）の成立

西郷隆盛は、開港と貿易を求める欧米諸国に対応するためには、新しい挙国一致政権の樹立が不可欠であるとの認識を持っていました。それは、徳川幕府中心ではなく外様の雄藩も参加するものでなければならないと考えていたのです。

明治維新へ向けて急発進を続ける日本でしたが、忘れてならないのがイギリスの動きです。イギリスは、日本との貿易のためにすでに巨額の投資を行っていました。日本との全面戦争を望まないばかりか、日本国内の内戦すら望んでいなかったのです。そのためイギリス政府は、四国艦隊による下関砲撃事件は、日本との全面戦争につながりかねない行動と考えて、主導的な役割を果たしたオールコック公使を解任し、サー・ハリー・スミス・パークスを新しい駐日英国公使にしたのです。当時、将軍と幕府の首脳は長州征伐問題で江戸を留守にしていましたから、パークス公使は仏・蘭との連合艦隊を兵庫沖に停泊させて威圧的な交渉を展開し、孝明天皇に条約勅許と関税率の改正を認めさせました。

第一次長州征伐で冷え切った薩長の仲を修復するために西郷は、攘夷思想に基づいて英・米・仏・蘭と戦った下関戦争で疲弊していた長州が武器買い付けをするに際し、その保証を行いました。そのうえで、西郷は長州藩の高杉晋作や桂小五郎（後の木戸孝允）や伊藤博文との話し合いを進めたのです。そして、西郷は目まぐるしく全国を走り回り、鹿児島に出向いて島津藩主父子や寺島宗則と、さらに宇和島に出かけて前藩主・伊達宗城らとの会談も行っています。土佐へ出向いて後藤象二郎とも会いました。もちろん、将軍徳川慶喜や軍艦奉行であった勝海舟とも会っています。

当時、フランスは幕府に近く、イギリスは薩摩藩に近い関係を築いていました。しかし、パークス英国公使は、列強諸国に中立の立場を堅持させて内戦（戊辰戦争）に介入させず、江戸城無血開城を後押しして、江戸横浜を戦火から救うために大きな影響力を発揮しました。本国の意思だけでなく、公使本人の思いが行動させたと思われます。

いよいよ雄藩の結合である薩長同盟への機は熟してきました。土佐藩の脱藩浪人で、長崎亀山社中（後の海援隊）を率いていた坂本龍馬や中岡慎太郎は長州藩の主戦派の重臣福永喜助に働きかけて薩長が和解するよう熱心に説得活動を行いました。それによって、薩摩藩の家老小松帯刀宅において薩摩藩の西郷隆盛、小松帯刀らと、長州藩の桂小五郎が会談し、六カ条からなる約定を交わしました。これが薩長盟約（密約）と呼ばれるものですが、王政復古や戊辰戦争までを想定していたものではありません。当時、両藩が敵と考えていたのは、いわゆる一会桑（一橋・会津・桑名）政権でした。一橋家は固有の軍事力をほとんど持っていませんでしたから、会津藩と桑名藩の松平両家を軍事的対決の相手と考えていたのです。

ともあれ、この薩長の盟約はその後の土佐や肥前などの雄藩同盟関係を築く土台となったのです。

慶応元年（一八六五）三月、長州の奇兵隊など諸隊は藩内の保守勢力を一掃し長州藩は討幕でまとまりました。そして諸隊は正式に藩の軍隊とされたのです。五月一三日に、桂小五郎は、山口で藩主毛利敬親に拝謁し藩政の要となる用談役に就任、村田蔵六（後の大村益次郎）も藩政の中枢に参画し近代洋式軍隊の創設にあたることになり、長州藩は武力倒幕に向けた臨戦態勢を整えたのです。

尾張藩第一四代藩主徳川慶勝

一方、将軍徳川家茂は慶応二年（一八六六）一月二二日に長州処分の最終案を奏上し勅許が下されました。いよいよ、第二次長州征伐が始まることになったのです。しかし、幕府軍の戦意は一向に高まりません。徳川御三家の筆頭の尾張藩前々藩主徳川慶勝は長州再征伐に反対しており、弟の藩主茂徳《もちなが》の征長総督就任さえ拒否させています。尾張藩内で朝廷派と佐幕派の対立が激化すると佐幕派を弾圧するほどの尊王攘夷の思想を堅持していた人物だったのです。慶勝は、高須四兄弟（美濃高須第一〇代藩主松平義建の子）の長兄で弟には尾張藩主徳川茂徳、会津藩主松平容保、桑名藩主松平定敬がおりました。徳川家存続のために、従弟の将軍慶喜の征長戦争遂行に反対して周囲の多数の関係者に書状を送っています。その働きにより、徳川家も四兄弟もなんとか明治維新を迎えることができたのです。徳川慶勝こそは、幕府軍と官軍との全面衝突を回避したことで江戸城無血開城を可能にし、一〇〇万人といわれた江戸の市民を救った陰の功労者だったのです。

第二次長州征伐

慶応二年（一八六六）六月七日、幕府艦隊の周防大島への砲撃で第二次長州征伐（第二次長州戦争）は戦いの火ぶたを切りました。幕軍の伊予松山藩軍は翌日八日には、大島へ上陸して住民らを襲いましたが、一七日には長州兵が奪回しました。その後も、長州藩内各地で激しい戦闘が展開されましたが、下関戦争を経験した古参兵と実戦の経験のない新兵が戦うのですから形勢は長州側に傾きました。

そのうえ、薩摩藩の支援でイギリスから購入した最新式の銃器の威力が、幕軍の旧式のそれに勝っていたのですから長州側の勝利は当然の結末といえます。幕末に洋式銃と云えば射程一〇〇メートルのゲベール銃が一般的でしたが、長州のミニエー銃は、射程五〇〇メートルで正確に的を討ちぬくために銃身に溝が入っているというものでした。

戦況不利の七月二〇日、将軍徳川家茂が大坂城内で客死しました。一二月五日、第一五代将軍となった徳川慶喜（一橋慶喜）は、幕府軍の形勢不利を認識して、将軍家茂の死を公にして朝廷に休戦の勅命を要請しました。新将軍慶喜の意を受けた幕臣勝海舟と長州の広沢真臣《さねおみ》・井上馨が会談し、九月二日停戦合意が成立しました。連戦連敗の自軍の状況に、慶喜が戦意を喪失したのも宜《むべ》なるかなと思われます。

しかし、この長州征討の失敗は、二六〇年続いた徳川幕府の終焉を告げる弔鐘となりました。

四侯会議と大政奉還

慶応二年（一八六七）一月三〇日孝明天皇が急死しました。死因は痘瘡とされていますが、岩倉ら反孝明天皇側が関与したとする毒殺説もあります。

その頃、将軍となって間もない慶喜には大きな課題が二つありました。一つは、朝敵となった長州への処分問題。二つ目は、慶喜自身が諸外国に約束したにもかかわらず孝明天皇の強い反対で実現していなかった兵庫港（神戸）の開港問題です。第一次長州征伐では、慶喜の従兄である徳川慶勝が征討総督となり総勢一五万人の征討軍が編成されましたが、第二次長州征伐に最強の薩摩軍は、徳川と長州の私闘であるとして征討軍に参加しませんでした。将軍となって以来、慶喜は江戸に戻ることもなく幕閣との意思の疎通を欠くこともあり、御三家の筆頭である尾張徳川家の慶勝は、尊王攘夷思想に固まった人物で頼りにできません。出自の一橋家は兵力はなきに等しく、慶喜は孤立感を深めていったのです。

慶応三年（一八六七）五月、京都に薩摩藩の主導で四侯会議が設置されました。これは、「八月一八日の政変」後に設置された参与会議に参加した松平慶永（春嶽）、島津久光、山内豊信（容堂）、伊達宗城の四賢侯といわれた諸侯で構成されました。四侯会議は四名による合議制で、将軍徳川慶喜と朝廷の摂政二条斉敬《なりゆき》に対する諮問機関でした。政治の主導権を幕府から雄藩連合側に奪取しようという薩摩藩の意図は、慶喜の弁舌と勢いに押し切られてしまいました。このとき、慶喜は攻撃の材料に使われることを懸念された兵庫港の開港問題も勅許を得て解決していたのです。四侯会議は慶喜の独壇場となり、会議の存在意味がなくなったため設立後わずか数カ月で自壊してしまいました。

これを知った西郷や大久保らは、島津斉彬が主張していた幕府と雄藩による公儀路線を放棄し、武力討幕の道を進むことに方針を変えました。薩摩藩は公家の岩倉具視と関係を緊密にし、朝廷の中枢の協力を得て討幕の密勅獲得に向けての工作を本格化させたのです。

慶応三年（一八六七）六月、坂本龍馬は大政奉還を含む「船中八策」を自藩の後藤象二郎に提言しました。後藤はこれを山内容堂（豊信）に進言しました。それを受けて、徳川擁護に傾いていた容堂は、将軍慶喜に窮余の策として大政奉還を建白したのです。

慶喜も、薩長の武力討幕路線の進行を見据え、最後の選択肢として山内容堂の建白を受け入れる形で、討幕派の機先を制するために大政奉還を行ったのです。

小御所会議と王政復古の大号令

四侯会議の失敗を梃子《てこ》に、討幕派はいよいよ武力討幕に向けて邁進して行きます。

薩摩藩の小松、大久保、西郷らは、謹慎中の公家岩倉具視のほかに中山忠能《ただやす》、正親町三条実愛《おうぎまちさんじょうさねなる》、中御門《なかみかど》経之ら朝廷の中枢の協力の下に一気に幕府を倒すクーデター計画を進めました。

将軍慶喜の腹の内は、新政権においても幕府が中心に座るというものでしたが、この目論見を打ち砕く政変が慶応三年（一八六七）一二月に起きました。前夜に、岩倉は自邸に薩摩、土佐、安芸、尾張、越前の五藩の重臣を集め、王政復古の断行を宣言し協力を求めました。そして翌朝にかけての旧体制における最後の朝議が二条摂政主宰で開かれ、毛利敬親・定広父子の官位復旧と入京許可、岩倉ら勅令による勘当の堂上公卿の赦免、九州に居た三条実美ら五卿の赦免などが決められました。

慶応三年（一八六七）一二月九日御所内の小御所において江戸幕府・摂関制度の廃止と明治新政府樹立が宣言されました。これが、王政復古の大号令です。

小御所会議のメンバーは次の通りです。

天皇　明治天皇
総裁　有栖川宮熾仁親王（皇族）
議定　仁和寺宮嘉彰《よしあき》親王（皇族）

山階宮晃親王（皇族）
中山忠能（公家）
正親町三条実愛（公家）
中御門経之（公家）
徳川慶勝（元尾張藩主）
松平慶永（前越前藩主）
浅野長勲（芸州藩世子）
山内豊信（前土佐藩主）
島津忠義（薩摩藩主）

参与
公家　大原重徳、万里小路博房、長谷信篤、岩倉具視、橋本実梁
尾張藩士　丹羽淳太郎、田中不二麿
越前藩士　中根雪江、酒井十之丞
芸州藩士　辻将曹、桜井与四郎
土佐藩士　後藤象二郎、神山左多衛
薩摩藩士　岩下方平、西郷隆盛、大久保利通

岩倉具視は、公家を代表して強硬発言を繰り返し、これに薩摩藩士らが同調しましたが、大

名たちはこれに賛同せず会議は紛糾しました。結局、妥協の産物として将軍慶喜が自身の申し出により辞官納地（内大臣の辞職と徳川家領の削封）を行うことを決定し、それを松平春嶽と徳川慶勝が伝えるということになりました。しかし、辞官納地案は親幕派の抵抗により次第に骨抜きとなり、このクーデターは未完成に終わったのです。

討幕の密勅と薩摩藩邸焼討事件

このとき、将軍慶喜はじめ幕府の幹部は大坂城に詰めており、江戸には市中取締りの庄内藩士が警護にあたっていました。慶応三年（一八六七）一〇月一三日に薩摩藩、そして一四日には長州藩に朝廷から討幕の密勅が下されたのですが、一四日に先手を打つ形で将軍慶喜は大政奉還を行ったので、この密勅は事実上取り消されました。幕府が自ら政権を放棄したからです。

こうした状況を打破するために、西郷が非常手段をとったのです。西郷は、薩摩藩江戸藩邸に土佐の板垣退助から預かった相楽総三ら百数十名の浪士をかくまっていました。そのため、薩摩藩邸から討幕のための挙兵は燎原の火のごとく広がり、各地で騒乱を起こした志士たちの最後の逃げ場にもなっていたのです。西郷は、相楽に薩摩藩邸を根拠地として尊王攘夷・討幕の志を同じくする浪士らと共に、江戸市中を徘徊して放火、掠奪、暴行などの狼藉で騒乱を起こし幕府を挑発させたのです。庄内藩の屯所も襲撃されました。庄内藩は、会津藩と並ぶ佐幕派（幕府擁護派）で、江戸市中取締役を務めていました。

将軍の留守を預かる老中稲葉正邦（淀藩主）は庄内藩江戸屋敷の留守居役松平親懐《ちかひろ》に「薩摩藩邸に賊徒の引渡しを求めたうえで、従わなければ討ち入って召し捕えよ」と命じました。

これに対し、松平は「薩摩側が素直に引き渡すとは思えず、討ち入りとなることは必至だが、庄内藩は先日銃撃の被害を受けており、この状況下で討ち入れば私怨私闘の誇りを受けてしまうので、他藩との共同で事に当たらせてほしい」と申し出ました。

その結果、庄内藩、上山藩、鯖江藩、岩槻藩の三藩と、庄内藩の支藩である出羽松山藩とさらに浪士二〇〇名を加えた総勢約一〇〇〇名が薩摩屋敷の浪士二〇〇名に襲いかかり、薩摩藩の江戸藩邸に砲火を浴びせ焼失させたのです。

幕府側は、西郷の挑発作戦にまんまと乗ってしまったのです。この事件の報復として、「鳥羽・伏見の戦い」さらに「戊辰戦争」へと戦いの火ぶたが切られました。庄内藩の江戸薩摩藩邸焼討事件の報が大坂に届くと、将軍慶喜の周囲に「薩摩を討つべし」の声が高まり、慶応三年（一八六七）元日、討薩表を発し翌日には「慶喜公上京の御先供」という名目で幕府軍は伏見市街へ出兵しました。朝廷は緊急会議を開き、岩倉が議定として会議を主導し、春嶽らの反対を押し切って徳川征討を議決しました。同時に、岩倉が密造させた「錦旗の御旗」の使用も決定しました。

歴史は、明治維新への道を驀進《ばくしん》するのです。

第七章　戊辰戦争

戊辰戦争へ

幕末の雄藩であった薩摩、長州、土佐、肥前の四藩（薩長土肥）を中心とする新政府軍が旧幕府勢力および奥羽越列藩同盟軍と戦って勝利し、新政府が日本を統治することが国際的に認められるようになった内戦が戊辰戦争です。戊辰というのは、慶応四年の干支《えと》が戊辰であったことに由来します。慶応四年（一八六八）一月から明治二年（一八六九）五月までの約一年五カ月間、近畿地方から蝦夷地に及ぶ東日本一帯で、新政府軍（官軍）と旧徳川幕府・佐幕派勢力が戦ったのです。

「鳥羽・伏見の戦い」で勝利した薩長軍は、錦の御旗を掲げて官軍として東に向かって堂々の行軍を始めたのです。一月四日、幕軍が淀方面に後退すると、朝廷は仁和寺宮嘉彰親王を征討大将軍とし、錦旗と節刀（天皇が将軍に持たせた任命の印の刀）を与えて出馬命令を下しました。このときから薩長軍は正式に官軍となったのです。七日には、慶喜追討令も出され、旧幕府は朝敵となりました。さらに、一一日には諸大名に慶喜追討のための上京命令が出されました。

この命令に従うなら、これまでのことは寛大な態度をもって対処し所領も安堵するが、従わなければ朝敵と見なして討伐するというものでした。この脅しに屈して、態度を決めかねていた近畿以西の諸藩は皆、二カ月後には新政府の支配下に入りました。二月九日には、政府軍は有栖川宮熾仁親王を東征大総督・会津征伐大総督とし、東海道、東山道、北陸道に分かれて東に向けて進軍したのです。指揮官には、西郷隆盛、大村益次郎（長州）、板垣退助（土佐）などが就任しました。明治六年（一八七三）に徴兵制が敷かれるまでは、官軍とは名ばかりで兵は各藩への帰属意識を持っていましたので、西郷ら軍の指揮官は、各藩の兵を預かる形で戦ったのです。

それでは、戊辰戦争の各地での戦況を駆け足で追ってみましょう。

鳥羽・伏見の戦い

戊辰戦争の発端となった鳥羽・伏見の戦いは、京都を中心に上鳥羽、下鳥羽、竹田、伏見、橋本方面に展開されました。新政府軍は、薩摩藩、長州藩、土佐藩および諸藩など総勢五〇〇〇。対する旧幕府軍は幕府陸軍、京都見廻組、会津藩、新選組、桑名藩および諸藩など総勢一五〇〇〇でした。慶応四年（一八六八・明治元年）一月三日に戦闘の火ぶたは切って落とされたのです。主な戦闘状況について見てみましょう。

鳥羽街道

午前中に、鳥羽街道を封鎖していた薩摩兵と旧幕府軍（以後幕軍）の先鋒が接触し、「通せ」「通さぬ」と押し問答を繰り返した後、午後五時ごろになって業を煮やした幕軍が隊列を組んで強引に前進を開始したのです。これに対し薩摩兵は銃砲や大砲を一斉に発砲しました。薩摩軍は狙撃兵が幕軍の司令官佐久間信久らを射殺しました。そのため、戦闘の指揮をとる者がいなくなっていたのです。そのためか、幕軍の歩兵隊は銃に弾丸を込めていなかったと伝えられています。幕軍は敗走し、下鳥羽方面に退却しました。

伏見

伏見でも、幕軍の通行をめぐって押し問答が繰り返されましたが、鳥羽方面から砲声が聞こえたのを合図に戦端が開かれました。午後八時頃、薩摩兵の砲弾が伏見奉行所内の弾薬庫に命中して奉行所が炎上すると、指揮官であった幕府陸軍奉行・竹中重固《しげかた》は部隊を放置したまま淀まで逃げ落ちました。翌四日には土佐藩兵が新政府軍に加わり、幕軍は総崩れとなり敗走したのです。

近江方面

幕軍は、情報の混乱から新政府軍が大津に結集していると誤認し、大津から京都を目指すことを断念し、戦わずに大坂に向かったのです。幕軍は堅固な淀城を最後の砦として軍の立て直しを図ろうとしたのです。しかもこのとき、淀藩主稲葉正邦は江戸にいました。現職の老中だったのです。江戸市中警護にあたっていた庄内藩に命じて江戸薩摩藩邸を襲撃させたのも稲葉正邦でした。しかし、城を預かり藩内を取り仕切っていた淀藩首脳は、藩主の意向を聞かず、徳川幕府を見限り幕軍の入城を拒否したのです。この「淀藩の裏切り」によって、新政府軍は近江から京都への兵糧の確保が可能になり、戦局は一段と新政府軍有利に傾いたのです。幕軍に戦闘意欲があり、周到な戦闘計画が立てられていれば、淀城への入城拒否などは有り得なかったと考えられます。この淀藩の裏切りの陰には徳川慶勝の働きかけがあったと思われます。慶勝についてはすでに触れましたが、尊王攘夷の姿勢を堅持し続け、徳川家系存続のためには朝廷に恭順しなければならない、と近隣の関係者に書状を送り付けていたからです。

淀と橋本の戦い

戦闘が開始された翌四日に、朝廷は仁和寺宮嘉彰親王を征討大将軍に任命するとともに、「錦の御旗」の使用を決めたのです。この旗は、岩倉具視と薩摩藩の合作でしたが、効果は十分にありました。鳥羽・伏見の戦いを薩摩と幕府の私闘と考え、態度を保留していた諸藩が新政府軍（官軍）支援の方向に舵を切ったのです。鳥羽・伏見の戦いは京都周辺で展開されましたが、この戦闘で新選組の三分の一が戦死しました。

さて、淀城への入城を拒否された幕軍は橋本方面に敗走しました。石清水八幡宮のある男山では、幕軍は東西に分かれた布陣を敷きましましたが、津藩の砲撃で総崩れとなり、淀川を下って大坂へと敗走しました。幕軍は官軍の三倍の一五〇〇〇の圧倒的な兵力を有しておりながら指揮系統の乱れと戦意のなさが敗北を決定づけました。

さらに、大坂湾ではオランダ製の最新鋭軍艦・開陽丸が当時の最新鋭のクルック砲（射程およそ四〇〇〇メートル）で薩摩の軍艦を撃破し幕軍が制海権を握っていたのですが、自らが先頭に立って戦うと幕軍兵士の前で宣言した直後に、戦意を失った将軍慶喜が開陽丸で江戸へ逃げ帰った変心の理由は謎とされています。

しかし、慶喜が立たされた情況を考えると、自前の兵も領土も持たない一橋家から、いわば徳川宗家へ婿入りした形で将軍になり、しかも、御三家筆頭の徳川慶勝の強力な非協力の働きかけがあっては、戦を避けて徳川家の存続を目指すほかに選択肢はなかったと思えるのです。ちなみに、開陽丸はこの後、榎本武揚艦長の指揮下で箱館戦争で大活躍をしているのです。

東海道

一月五日、新政府軍は橋本実梁を東海道鎮撫総督に任命して進軍を開始しました。一月二〇日に東海道最大の雄藩である尾張藩が、藩主の父である徳川慶勝が重臣三名と藩士一一名を処刑するという大鉈を振るって藩論を勤皇に統一しました。これが青松葉事件です。さらに、慶勝は諸藩に勤皇誘引使を派遣して勤皇証書を出させ戦闘に参加しない中立の立場を取らせていたのです。政府軍の進軍は勢いを増していきます。二二日に新政府軍が四日市に入ると、桑名軍は戦わずに開城しました。しかしこの時、藩主の座を追われた松平定敬は、そのまま旧幕府軍と共に箱館戦争まで戦い続けたのです。このように、大きな衝突もなく二月末には小田原以西の諸藩は新政府軍に恭順を誓ったのでした。

東山道（中山道）

東山道鎮撫総督は岩倉具定《ともさだ》（具視の次男）で、参謀は板垣退助でした。東山道筋の大垣藩は鳥羽・伏見の戦いでは旧幕府軍でしたが、戊辰戦争になると藩主が鎮撫総督に恭順の意思を表明し東山道軍の先鋒になりました。そのため、大垣藩は謹慎処分や所領没収をされずにすんだのです。

丹波・山陰道

鳥羽・伏見の戦中の一月五日、西園寺公望は新政府軍の山陰道鎮撫総督に任命され、薩摩と長州の藩兵と共に出陣したのです。二月下旬には、佐幕派であった諸藩も次々に新政府に恭順の意思を示し、山陰地方は血を流すことなく新政府の傘下に入ったのでした。

四国

土佐藩の板垣退助は、それまでの公儀政体論が主流を占めていた藩論を勤皇を旨とする武力討幕で統一しました。これに丸亀藩と多度津藩が合流して佐幕派の高松藩に進軍したのです。戦意を喪失していた高松藩は二名の家老を切腹させて、一月二〇日に降伏しました。二七日には、伊予松山藩も開城し降伏しました。四国全域も新政府の傘下に入ったのです。

ところが、翌二八日に長州軍の一部が伊予松山城近くの三津浜に上陸したのです。征討府における作戦計画が土佐藩の現場に伝わっていなかったので、土佐藩部隊は長州が四国進出を目論むものと考え激しく反撃しました。最終的には、新政府内部の調整により四国に関しては土佐藩に一任することで決着し、三月三日に、長州軍は三津浜から撤退して本州に帰還しました。

中国路

明治二年（一八六九）一月九日、長州藩兵は備後福山藩領に侵入し福山城を砲撃し、籠城していた福山藩兵と銃撃戦となりましたが、福山藩側は家老・三浦義建と御用係・関藤藤陰《せきとうとういん》が長州側に恭順の意を示しました。これを受けて、長州軍は福山藩に勤皇の誓詞を出させて上京の途に就いたのでした。一月一五日、新政府の征討令を受けた備前藩の軍勢は備中松山城に向けて進軍しましたが、備中松山藩は無血開城して新政府に恭順しました。姫路藩では、藩主酒井忠惇《ただあつ》（老中）が将軍慶喜と共に江戸へ逃げ帰りましたが、在藩家臣が新政府軍に降伏しました。

九州

一月一四日、長崎奉行が逃げ出したため、治安維持のために佐賀藩、大村藩、福岡藩、薩摩藩などにより長崎会議所が設立されました。新政府からは、九州鎮撫総督兼外国事務総督として澤宣嘉《のぶよし》が派遣されました。日田代官所にあった西国郡代の窪田鎮勝《しげかつ》も脱走したため、代官所は周辺諸藩が接収し日田県が設置されました。唐津藩は討伐の対象でしたが、薩摩人の松方正義（日田県知事）が、藩主小笠原長国が世子である長行（老中）との養子関係を義絶し新政府軍に降伏を願い出ることで新政府の傘下に入らせたのです。

薩摩藩は、勤皇と新政府への支持を表明する誓書の提出を対馬藩以外の九州全藩に求めました。それまで佐幕派であった諸藩を含めた全藩が二月末までにこれに応じて九州全藩は新政府に恭順したのです。なお、対馬藩は大政奉還後も明治政府から朝鮮外交と貿易を担当することを許され、廃藩の時までその役割を担っていました。

江戸城無血開城への道

江戸に帰った将軍慶喜は、幕府主戦派の中心人物である小栗忠順（小栗上野介）を罷免する人事刷新を行い、自らも新政府に反抗する意思のないことを示すために、江戸城を出て上野の寛永寺に居を移して謹慎したのです。

一方、会津藩主の松平容保は朝敵の宣告を受けた後、会津に戻りました。新政府に嘆願書を提出し天皇への恭順の姿勢は示しましたが、新政府には認められません。一方の会津藩側も、求められていた出頭も武装解除も行わないばかりか、庄内藩と会庄同盟を結び薩長軍と戦う準備を進めたのです。旧幕府の敗残兵は、あるいは国許で謹慎し、またある人々は反新政府の立場から会津らを頼って、市川・船橋戦争、宇都宮城の戦い、上野戦争を経て東北地方へと向かったのでした。

有栖川宮熾仁親王を征討大将軍とする新政府軍は、官軍の錦旗（錦の御旗）を掲げて快進撃を続けました。東海道を進軍した官軍は甲府城を目指したのです。甲府は幕府の直轄領であり、近藤勇の新選組も甲陽鎮撫隊をつくり防衛拠点と定めて進軍していました。しかし、東山道を進み信州に進出していた土佐の板垣退助、薩摩の伊地知正治が率いる兵が甲陽鎮撫隊より先に甲州城に到着し城を接収したのです。近藤勇は偽名を使って潜伏した後、仲間を救うために一人で投降し新政府軍によって斬首されました。一方、東山道軍の本隊は、三月八日に熊谷宿に到着し梁田宿に宿泊していた旧幕府脱走部隊を攻撃し撃破しました。これは戊辰戦争の東日本における最初の戦いで梁田戦争と呼ばれています。

西郷隆盛と勝海舟のトップ会談

三月六日、駿府に入った新政府軍は軍議を開いて江戸城総攻撃を三月一五日と決めました。しかし、欧米列強諸国は江戸城攻撃を中止するよう新政府に働きかけたのです。日本との貿易拡大のために多額の資金を投入していたイギリス本国の方針に従って、パークス公使が必死に説得に動いた結果でした。

パークス公使を動かした裏には勝海舟の策略があったのです。勝は「江戸が灰になってもよいのか」とパークス公使の急所を突いたのです。江戸の町火消や鳶職の親分、博徒の親方から非人頭などに金を渡し、新政府軍が総攻撃をかける前に江戸中を火の海にする焦土作戦を準備していたのです。江戸の市民は田舎侍よりは公方様贔屓《ひいき》でした。なお、勝の江戸焦土作戦は、ナポレオンがロシアに侵入した際にロシア軍が用いた作戦を参考にしたと伝えられています。

これと並行して、江戸城内の天璋院篤姫は第一三代将軍徳川家定の御台所となるべく江戸に向かったときからの旧知の西郷隆盛に長文の手紙を送って江戸城攻撃の中止を必死に訴えました。同じく、第一四代将軍徳川家茂の正室であった静寛院宮（和宮親子《ちかこ》内親王）は、幼馴染であり、かつて婚約者でもあった東征軍大総督官で新政府総裁を兼務していた有栖川宮熾仁親王に、江戸城攻撃の中止を訴えたのです。大奥といえば、世間一般には将軍の世継ぎのことのみを注視しがちですが、実際には情報を収集して藩同士の縁組を行うなど幕政を助ける役目も果たしていたのです。

江戸に迫る東征軍に対して、徳川慶喜は意を含めて山岡鉄太郎を送り出しました。山岡は、勝海舟を訪問してから駿府に向かうことにしたのです。勝は、西郷への書状を認《したた》め保護していた薩摩藩士に護衛をつけて山岡を大総督府に向かわせました。西郷は、「勝の使者ならば」といって山岡との面談を受けたのです。その場で、東征軍から江戸城攻撃回避条件が示されました。条件は七つありました。

一、徳川慶喜の身柄を備前藩に預けること。
二、江戸城を明け渡すこと。
三、軍艦をすべて引き渡すこと。
四、武器をすべて引き渡すこと。
五、城内の家臣はすべて向島に移って謹慎すること。
六、徳川慶喜の暴挙を補佐した人物を厳しく調査し、処罰すること。
七、暴発の徒が手に余る場合、官軍が鎮圧すること。

この会談において、第一条は山岡が受け入れられないと抵抗し、西郷がこれを預かるということでその場は治まり、山岡は会談の結果を勝に報告しました。これが一一日のことで、西郷が勝との会談のために江戸薩摩藩邸に入ったのは一三日のことでした。実に総攻撃の予定日の二日前だったのです。緊迫した情勢の中で、全権を委任された新政府軍の代表西郷隆盛と旧幕府の代表勝海舟のトップ会談が行われたのです。幸いなことに、二人は旧知の仲であり、互いに尊敬しあっていました。勝は、イギリス公使への働きかけや江戸焦土作戦の他にも新政府軍を圧倒する海軍力という切り札を手に会談に臨んだのです。さすが勝というべき交渉手腕を発揮したのです。翌日の第二回目の交渉で勝は、東征軍から出された条件に対する回答を提示しました。以下のとおり、驚くほど強気な姿勢に貫かれた回答でした。

一、徳川慶喜は故郷の水戸で謹慎する。
二、慶喜を助けた諸侯は寛典（寛大）に処して、命に関わる処分者は出さない。
三、武器・軍艦はまとめておき、寛典の処分が下された後に差し渡す。
四、城内居住の者は、城外に移って謹慎する。
五、江戸城の明け渡しの手続きを終えた後は即刻田安家へ返却を願う。
六、暴発の士民鎮定の件は可能な限り努力する。

西郷は勝を信頼し、自分の責任で回答を京都へ持ち帰って検討することを約束したのです。先を見越した度量の大きさを示す西郷らしい決断でした。この会談により、翌日に予定されていた江戸城総攻撃は中止され、江戸城無血開城が実現しました。当時、人口一〇〇万人の世界一の大都市と推定される江戸が廃墟にならずに救われたのです。

後世の私たち日本人が学び、誇りとすべき叡智というべきでありましょう。

西郷隆盛の戦略と大村益次郎の戦術

西郷は、情が深く他人を思いやる心豊かな人間で、苦難を乗り越えながら成長するタイプです。それゆえに、誰からも信頼され慕われたのです。

一方、大村は幼い頃から、医者としての専門知識のほか、蘭学や英語など語学力を持ち、西洋兵学などの知識も持っていました。大坂では、当時全国の逸材を指導していたことで知られる緒方洪庵の適塾で、塾頭を務めるほど優秀な人物だったのです。福沢諭吉は、過激な攘夷論者と評していますが、確かに戊辰戦争の際の会津攻撃では、敵の死者の埋葬を許さず死体を放置させておくという恐るべき処置をやってのけた冷徹な人物と言えそうです。大村は、長州軍を勝利に導いた戦の天才であり、新政府の陸軍の生みの親ですが、敢えて率直な印象を言うなら冷血な人物です。そのため、会津の人々の恨みつらみは、その後も続くことになりました。

しかし、西郷の場合は、恭順する者は許すという姿勢でしたから、敗者からも尊敬を得ることができたのです。これこそ二人の決定的な違いといえるでしょう。私には、上野の西郷像に靖国神社内の大村像が対峙している姿は、それを象徴していると思えるのです。

上野戦争

賊軍となった旧幕府軍の大半は新政府に屈服しましたが、抗戦した者も少なからずいたのです。抗戦派の旧幕臣渋沢成一郎、天野八郎らは彰義隊を結成し、本営を浅草本願寺に置きました。旧幕府の恭順派は、彰義隊を公認して江戸市中警備を命じて官軍の目を逸らそうとしたのですが、徳川慶喜が水戸へ向かい、渋沢が隊を離れた後は、強硬派の天野らが台頭し、新選組の生き残りなども加わって数を増しました。そして、本営を徳川家の菩提寺である上野の寛永寺に移すと、孝明天皇の義弟である輪王寺公現入道親王（後の北白川宮能久《よしひさ》親王）を擁立して戦闘態勢を整えたのです。

これに対する新政府軍は、長州の大村益次郎を指揮官としました。大村は、薩摩藩士らの慎重論を抑えて武力殲滅戦を押し進めたのです。慶応四年（一八六八）、新政府軍は彰義隊に宣戦布告して戦闘が開始されました。

しかし、英国のアームストロング砲に改良を加えた佐賀藩の最新式施条砲や四斤山砲が加賀藩上屋敷から不忍池を超えて彰義隊軍に打ち込まれたのです。午前七時に始まった戦闘は午後七時には終結し、一日で決着がつきました。彰義隊は壊滅的な損害を受け、生き残った兵は根岸方面に敗走しました。新政府軍は、江戸以西を平定し、戊辰戦争の前線は北陸、東北へと移ったのです。輪王寺宮は敗残兵の一部とともに、榎本武揚艦隊に属する長鯨という輸送船で常陸国の平潟港に向かったのでした。

奥羽越列藩同盟

慶応四年（一八六八）一月一七日、新政府は仙台藩、米沢藩など東北雄藩に会津藩追討を命じました。三月二日には、奥羽鎮撫総督九条道孝指揮の下、新政府軍は仙台入りをしたのです。朝敵となった会津は、同じく朝敵となった庄内藩と会合して両藩は同盟を結びました。庄内藩は豪商本間家の献金でスナイドル銃などの最新式兵器を買い付けるなど軍備強化を進めていました。両藩の同盟が、奥羽越列藩同盟へと進む先駆けとなったのです。

四月一一日に、奥羽一四藩は仙台藩領の白石城で列藩会議を開き、「会津藩・庄内藩の赦免の嘆願書」を奥羽鎮撫総督に提出しましたが、却下されました。奥羽鎮撫総督府下参謀の世良修蔵（長州藩）は、四月一二日に仙台を出発して各地で会津藩進行を督促していましたが、四月一九日に福島入りしました。

世良という人物は、横暴かつ傲慢であったため評判はすこぶる悪かったようです。彼は、鎮撫総督の同僚（下参謀）の大山綱良（薩摩藩士で通称は格之助）に密書を出したのですが、それが仙台藩士の手に渡ってしまったのです。密書に「奥羽皆敵」とあったため、激昂した彼らは世良を襲撃し、阿武隈川の河原で斬首しました。これを境として、列藩同盟は反新政府の立場を明確にしたのです。

五月三日には、二五藩により会津・庄内両藩への寛大な処分を求める太政官建白書が作成され、翌四日には越後長岡藩、六日には北越同盟加盟五藩を加えた合計三一藩からなる奥羽越列藩同盟が成立しました。同盟の盟主には、北朝系統で孝明天皇の義弟にあたる輪王寺宮が就任し、七月一二日に白石城での列藩会議に出席しました。

輪王寺宮は、会議出席の二日前に全国の一〇万石以上の大名に対して、「動座布告文」と「輪王寺宮令旨」を発令しています。その内容は「幼君（明治天皇）を操る君側の奸、薩摩と長州を取り除く」というものでした。輪王寺宮は、岩倉らが担ぎ出したとされる明治天皇（南朝系）の義理の叔父に当たります。

奥羽越列藩同盟は、旧幕府の重臣であった板倉勝静（備中松山藩主）や小笠原長行《ながみち》（備前唐津藩世嗣）の協力を得て次のような政権を発足させたのです。

盟主　輪王寺宮
総督　仙台藩主伊達慶邦、米沢藩主上杉斉憲《なりのり》
参謀　小笠原長行、板倉勝静
政策機関　奥羽越公議府（白石）
大本営　軍事局（福島）
最高機関　奥羽越列藩会議

京都の新政府に対抗する新しい軍事同盟が誕生したのです。

さて、戦闘は庄内、秋田、北越、白河、平潟と展開されました。まず、庄内・秋田戦線では、出羽酒田の豪商本間家の資金で最新鋭の銃砲で洋式の軍事力を整備していた奥羽越列藩同盟が、新政府軍を圧倒しました。七月一日、東北の新政府軍は秋田に集結しました。

久保田藩は、新政府側につくか同盟側かで藩論が二分されていました。しかし、同藩出身の尊王論者平田篤胤の影響を受けた若い武士たちは、仙台藩からの使者を惨殺し新政府軍への参加と庄内藩進攻を決定づけたのでした。庄内藩は、新政府軍についた新庄藩、本庄藩へと侵攻しました。さらに、横手城を陥落させ大館城を陥落させて久保田城に迫ったとき、最新兵器で武装した新政府軍の援軍が到着し形勢は逆転したのです。久保田藩は全土が戦場となりましたが新政府軍と共に勝利しました。

北越戦線では、五月に新政府軍と奥羽越列藩同盟に加入していた長岡藩の間で戦端が開かれました。長岡軍は、七月末には陥落した長岡城を奪還するなど、一時的には優勢でしたが、最終的には会津へと敗走しました。新潟の守備は米沢藩が担っていました。新潟は、列藩同盟の兵站の基地であり庄内、会津方面の防衛拠点でした。七月二九日、新政府軍に寝返った新発田藩の手引きで新政府軍が軍艦で上陸し、新潟は制圧され米沢藩は敗走しました。八月には越後全域が新政府によって制圧されました。

九月四日に米沢藩は降伏しました。黒田了介（後の清隆）は、西郷の指示により庄内藩に対して寛大な処分ですませたのでした。江戸の薩摩屋敷焼き討ちなどを行ってきた庄内藩は、過酷な処分を覚悟していましたので、庄内藩の人々は皆、感涙にむせんだのでした。この寛大な処置が西郷によると知った庄内の人々は、藩主の二年の謹慎処分が解けると藩主共々七十余名の藩士が西郷の教えを請いに鹿児島に向かったのでした。そして、『南洲翁遺訓』を後世に残しています。

さて、兵站基地新潟を失った奥羽越列藩同盟軍は大打撃を受け、残存兵は会津へと敗走したのです。

時計を戻しますが、奥羽越列藩同盟が結成された直後、同盟軍は白河城を制圧しました。しかし、五月一日、薩摩の伊地知正治率いる新政府軍は、白河城を奪還しました（白河口の戦い）。以後、白河城をめぐり三カ月も攻防が繰り返されましたが、同盟軍は須賀川方面に逃れたのです。

平潟戦線における列藩同盟軍の主力は仙台藩でした。六月一六日、土佐藩の板垣退助が率いる新政府軍は海路で常陸国（茨城県）平潟に上陸し、二六日に棚倉で、七月二六日には磐城平で同盟軍と激突しましたが、いずれも新政府軍が勝利して太平洋岸は新政府軍が制圧しました。新政府軍は次の攻撃目標を仙台か米沢にするかで意見が分かれましたが、会津に向かうことにしました。勢いに乗った新政府軍は各所で会津の守備を撃破し八月二三日には若松城下に突入しました。城下では、逃げてきた農民や町人にも武器が渡され戦うことを命じられ、予備部隊である白虎隊まで参戦しましたが、あえなく敗れたのでした。しかし、薩摩藩の桐野利秋らの計らいで、会津藩主松平容保は謹慎の身となり江戸に護送されたのです。これは、前章で述べた尾張藩主徳川慶勝の新政府への功労があってのことであろうと推察できます。

さて、奥羽越列藩同盟は、七月二六日の三春藩の降伏をはじめとして、松前藩、主力であった米沢藩と仙台藩が、さらに福島藩、上山藩、山形藩、天童藩、会津藩、盛岡藩、庄内藩が降伏したため、九月一八日に降伏文書を提出しました。九月二三日までに奥羽越列藩同盟は完全に崩壊したのでした。旧幕府軍の残存兵力は、榎本武揚の指揮する海軍だけとなりました。

箱館戦争（五稜郭戦争）

江戸城無血開城後、戊辰戦争は北陸、東北方面に展開しますが、新政府の徳川家に対する処置は八〇〇万石といわれた封土を一割以下七〇万石に減封するというものでした。八万人の幕臣が路頭に迷うことになるのです。旧幕府軍の海軍副総裁榎本武揚は、旧幕臣を蝦夷地に移住させ、北方の防備と開拓に当たらせようと考えました。

榎本は、幕府の軍艦引き渡し命令に対して、四隻を新政府に引き渡しましたが、旗艦の開陽丸をはじめ八隻からなる旧幕府艦隊は、八月二〇日に品川沖から仙台を目指して脱走したのです。この榎本艦隊には、幕府の重役のほかに彰義隊の生き残り、そして旧幕府の軍事顧問団のフランス軍人など総勢二〇〇〇余名が乗船していたのです。九月中旬には仙台東名浜沖に集結した榎本艦隊は、ただちに艦の修繕と補給を行いました。一〇月九日、東名浜から折浜（現在の石巻市）に移動する際、平潟口総督四条隆謌《たかうた》宛に旧幕臣の救済のため蝦夷地を開拓するという内容の嘆願書を提出しています。もちろん、これは新政府に受け入れられませんでした。

榎本艦隊に加わる乗員も、桑名藩主松平定敬、備中松山藩主板倉勝静、唐津藩世子小笠原長行、旧幕府軍の歩兵奉行であった大鳥圭介、旧新選組副長土方歳三《ひじかたとしぞう》などのほか、敗残兵を含め約三〇〇〇名に膨れ上がっていました。艦隊は、仙台藩に貸与していた運送船・太江丸、鳳凰丸を加え途中、宮古湾で薪を補給して一〇月二一日に箱館の北、内浦湾に面する鷲ノ木に上陸したのでした。

北海道の松前藩は奥羽列藩同盟に加わっていましたが、七月二八日に藩内の尊王派である正議隊による政変が起き、以後は新政府に恭順していました。平潟口総督を通して新政府に提出した嘆願書は受け入れられませんでした。

一〇月二六日に、榎本軍は箱館五稜郭などの拠点を占領しました。一二月五日には、蝦夷共和国（榎本政権）を樹立したのです。

しかし、榎本軍の軍事力の要であった開陽丸を嵐の中で座礁沈没させてしまいました。これは致命的な打撃となりました。

一〇月三〇日に、新政府は津藩、岡山藩、久留米藩の兵約一〇〇〇名を青森に送り、奥羽征討軍参謀の山田顕義が兵を率いて秋田から青森に入り、青森口陸軍参謀に就任しました。しかし、冬季作戦の準備のため、開戦は雪解けを待つことになりました。

新政府は、翌明治二年（一八六九）二月、陸軍として松前藩、弘前藩の兵約八〇〇〇名を青森に集結させました。一方、海軍は、アメリカの局外中立撤廃を受けて、品川に係留されていた最新鋭の装甲軍艦「甲鉄」を購入し、諸藩からも軍艦を集めて増田虎之助を海軍参謀とする艦隊を編成しました。そして、三月九日、新政府軍艦隊の軍艦四隻と輸送船四隻は、「甲鉄」を旗艦として品川沖から青森に向けて出発したのです。

多勢に無勢の戦闘は、時間とともに形勢は榎本軍を追い詰め五月一七日、ついに榎本は幹部と共に新政府軍の陸軍参謀黒田清隆、海軍参謀増田虎之助と会見し、無条件降伏を受け入れました。翌一八日（一八六九年六月二七日）、五稜郭が開城され約一〇〇〇名が投降し、武装解除されて戊辰戦争の最後の戦場となった箱館戦争は終結したのです。

降伏した将兵は、いったん、箱館の寺院と弘前藩などに預けられましたが、翌年には解放されています。榎本武揚、大鳥圭介ら幹部は東京の軍務官糾問所の牢獄に投獄されましたが、明治五年には解放されて、新政府の要人としてその才能が生かされる場が与えられたのです。これは驚くべきことですが、西郷と勝の会見によって恭順する者は寛大に扱うという基本路線に従ったものと考えられます。奥羽越列藩同盟の総裁であった輪王寺宮は、京都へ護送され蟄居処分を受けましたが、後に陸軍軍人として台湾で戦死し国葬が行われています。

第八章　岩倉使節団と留守政府（内閣）

政体書の布告

新政府は、戊辰戦争を優勢に進める一方で、政治大綱、政治機構などの官制を定めた政体書を布告しました。慶応四年四月二一日（一八六八年六月一一日）のことです。肥前藩士・副島種臣と土佐藩士・福岡孝弟《たかちか》が起草しました。欧米先進国を手本としながら、五箇条の御誓文を基本方針とし、太政官を頂点とする立法、行政、司法の三権分立の理念の下、議政官・行政・神祇・会計・軍務・外国・刑法官の七官を設置しました。しかし、実際には有力な公家や雄藩の藩士が重要な官職を独占してしまい権力分立は不十分なものでした。ちなみに、五箇条の御誓文は福岡孝弟と越前藩士・由利公正が起草しました。

東京遷都（奠都）

慶応四年（一八六八）七月、新政府は京都と東京を東西両京としました。九月に元号が明治に改められ、一〇月には天皇が東京に入り政府が京都から東京に移されました。これは、遷都によって新時代建設の気概を示す目的をもって行われました。上級の公家には前もって東京に居を構えさせるなど、遷都は京都に残された公家や寺社、そして住人に動揺を与えないように配慮して慎重に行われました。この上級公家の中山忠能たちを中心に、天皇に神格を与え、神道を国教とする祭政一致の国家形態を定めたのが明治三年（一八七〇）の大教宣布の詔です。大教宣布の強化のために大教院が設置されました。現人神なる天皇が統治する神政政治下で、儒教や仏教、そしてキリスト教は容認されませんでした。本書の主人公西郷がイギリスの外交官アーネスト・サトウに語った、民主的な二院制の国家へとは進まなかったのです。

西郷の帰郷

歴史の歯車を少し戻しますが、戊辰戦争で官軍として戦った兵は、各藩から派遣された藩主に帰属していました。薩摩から出兵した兵士たちも、島津家から指揮官の西郷隆盛が預かった兵でした。ですから、戦争が終結したからには薩摩藩に兵を帰還させねばならなかったのです。新政府が自前の軍隊を持つには徴兵制が敷かれる明治六年（一八七三）まで待たねばなりません。

帰郷した西郷は、新政府への出仕を断り、日当山温泉に湯治に出かけました。ところが、帰還した凱旋兵たちは、島津藩政が依然として門閥に握られていることに憤り、人事刷新を威圧的に求めたのです。驚いた藩政府は、対応に苦慮した結果、凱旋兵の要求を飲むことにしました。藩主島津忠義自らが西郷の湯治場に出向いて直接助力を要請したのです。西郷は薩摩藩の参政に任命されて藩政改革に尽力することになりました。凱旋兵たちは、西郷に対しては全幅の信頼を寄せていたのです。

西郷の再上京と御親兵の編成

ところが、新政府でも最大の難問と予想される廃藩置県をスムーズに施行するためには、戊辰戦争で示された西郷の実力とカリスマ的人望を必要としていました。一方では、政府の意のままにならない鹿児島に西郷を放置しておいては危険であるという判断もあったようです。明治三年（一八七〇）一二月一八日、島津久光と西郷を中央政府に呼び戻すために、新政府は岩倉具視を勅使とし、大久保利通を随行者として鹿児島に派遣しました。しかし、このとき久光は病気で上京できなかったため、西郷だけが東京に派遣されたのです。

明治四年（一八七一）一月四日に、上京した西郷は、新政府内の深刻な政争の現実をみせつけられました。西郷は、政争には加わらず、討幕功労者の新政府官僚への登用を提言しましたが、もっぱら、山縣有朋から提言を受けていた天皇直属の軍隊の編成に力を注ぐことにしたのです。鳥羽・伏見の戦い後も、軍事的緊張に対応するために天皇と御所を護衛する軍隊は必要でした。西郷は、兵部卿有栖川宮熾仁親王を長とする兵員総数八〇〇〇の天皇直属の御親兵を編成したのです。兵員は、薩摩・長州・土佐の三藩から献兵されました。御親兵は、徴兵令が施行されると近衛兵と改称され、明治二四年（一八九一）には陸軍近衛師団となりました。

ところで、新政府は御親兵を創設しましたが、それを維持する財政的な余裕がなかったのです。当初は宮内省の予算から流用しましたが、御親兵制度を維持するためには地方行政組織と税制改革をしなければなりません。急ごしらえの新政府でしたから、泥縄式対処法もやむを得なかったでしょう。

とはいえ、新政府内で実権を掌握した西郷と大久保らは、久光の意に反して廃藩置県を断行したのです。これこそ、御親兵の存在理由で、諸藩の反対に対して睨みを利かせることになったのです。鹿児島では、廃藩置県に怒った久光が、鬱憤を晴らすために邸内でたくさんの花火を上げさせたのでした。久光にとって、これは飼い犬に噛まれたという思いだったようです。

西郷を嘆かせた新政府官僚の腐敗

明治政府の閣僚となった西郷は、ある日、親友の大久保を訪問しました。そのとき、目にしたのは豪邸に四、五〇人の召使を抱えて豪奢な生活をしている大久保の姿でした。

西郷が後日、「これでは、多くの尊い命を犠牲にして成し遂げられた新国家建設が人々のためではなく、個人の栄耀栄華のためだったたことになる」といって涙を流したと伝えられています。西郷の人柄を表すエピソードです。

新政府は、スタート直後から汚職にまみれていました。権力と富が人を腐敗させるのは世の常です。

世間からは、「金にうるさい長州人、女にうるさい薩摩人」と揶揄されていました。ここで世間を騒がせた大きな汚職事件を二つ紹介します。「山城屋和助事件」と「尾去沢銅山事件」です。権力の中枢にいた長州出身の山縣有朋と井上馨が起こした事件です。

山城屋和助事件

長州の奇兵隊員であった野村三千三《みちぞう》は、維新後に山城屋和助と名乗り兵部省の御用商人となりました。同じ奇兵隊出身の山縣有朋は新政府の兵部省の実質トップの兵部大輔《ひょうぶだゆう》でした。ちなみに、名目上のトップである兵部卿は公家が務めていました。新政府の省の長官は卿で次官は大輔です。

山城屋は山縣の引きで、軍需品の納入を一手に行い莫大な利益を上げていました。その見返りとして、山縣は多額の献金を受けていたのです。山縣は、山城屋に六四円（陸軍の予算の約一割）という巨額の公金を独断で貸し付けました。山城屋はこれを元手に生糸の相場に手を出して大穴をあけてしまったのです。陸軍省の内部調査で事件は公になり、山城屋は証拠書類をすべて焼き捨て陸軍省の一室で割腹自殺したのです。しかし、木戸孝允ら長州藩閥の圧力で山縣は責任追及を免れ、当時陸軍省会計監督長であった広島藩出身の船越衛《まもる》が引責辞任し、事件の真相は闇に葬られました。

尾去沢銅山事件

南部藩（岩手県）の御用商人村井茂兵衛《もへい》（屋号は「鍵屋」）は、藩に多額の金を貸付けていました。当時の諸藩において商人の慣例として殿様に対する儀礼上、殿様のほうが商人に貸付けているという逆の証文を書いたのです。新政府の大蔵大輔であった長州出身の井上馨は、各藩の借財調査を行った際、証文の文言を根拠に村井家側の反論を聞かず村井家の「尾去沢《おさりざわ》銅山」を没収したのです。そして、この銅山を井上は出入りの政商岡田平蔵に安い価格で払い下げた後に自分のものにしようとしたのです。このため、村井家は破産しましたが、司法省に提訴しました。司法卿であった肥前藩出身の江藤新平は正義感の強い人物で、井上を逮捕寸前まで追い込みました。しかし、この事件も木戸孝允ら長州藩閥の圧力で井上は一時的な処分を受けただけで済んだのです。

西郷の清貧生活

西郷隆盛の人気の秘密は、私利私欲がないことと弱い立場の人に対する思いやりの心であるといわれています。西郷は、生涯質素な生活をおくったことで知られています。彼の、質素な生活指針を示しているのが「偶感」という七言絶句の漢詩です。西郷を慕っていた庄内の菅実秀らが、西郷宅に招待された折に即興的に書き上げたものと伝えられています。元の漢詩を読み下してみますと

幾たびか辛酸を歴《へ》て　志初めて堅し
丈夫は玉砕するも　甎全《せんぜん》を愧《は》づ
一家の遺事　人知るや否や
児孫の為に　美田を買わず

（注・甎全とは、瓦のことです。）

西郷とカーネギーに共通するキリスト教倫理

西郷の「偶感」に接したとき、私は若き日に感動したアメリカの実業家アンドリュー・カーネギーの「金持ちで死ぬのは恥である」という言葉を思い出しました。西郷より七歳年下の同

時代人で、二人に共通するのは、「天に宝（富）を積む」という聖書の教えです。カーネギーといえばニューヨークにある音楽の殿堂カーネギーホールが有名ですが、スコットランドからアメリカに渡ったカーネギーは、鉄鋼王として知られる立志伝中の人物です。六六歳のとき、事業で得た巨万の富を慈善事業や大学創設、三〇〇〇近い図書館や研究施設の設立に注ぎ込みました。カーネギーと西郷に共通する清貧な生き方は誰にも感動を与えてくれます。維新の功労者の豪奢な生活と西郷の生き方の決定的な違いがここにあります。この宗教や哲学の違いが、やがて大久保らとの人間関係の決裂を生むのは必然的な流れであったと思われます。

岩倉使節団の出発

廃藩置県とは、全国の藩を廃止して中央管理下の府と県に一元化するという大改革でした。この廃藩置県という大仕事を成し遂げた新政府は、欧米列強と締結した不平等条約の改正にとりかかったのです。岩倉使節団の欧米派遣です。廃藩置県を成し遂げたとはいえ、後始末や難問が山積する状況なのになぜ、明治維新政府を主導してきた首脳の多くが国を空けることになったのでしょうか。

その間の事情を九州大学教授であった毛利敏彦『明治六年政変』と、著者の旧知の碩学・佐高信の『西郷隆盛伝説』を参照にして探ってみます。

不平等条約といわれる、日米修好通商条約の第十三条に「今より凡そ百七十一箇月の後（明治五年）、双方政府の存意を以て……（条文を）補い、或いは改むることを得べし」と規定されていました。そのため、外務省は「取調掛」を設置し、内閣は外国条約改定御用掛」を置いて、参議大隈重信を中心に条約改定に向けた準備作業が進められていたのです。

明治五年（一八七二）五月、日本側に条約改正の意向があることを外務卿の名で各国外交団に表明したのですが、諸外国は日本の文明開化が不十分であるという理由で体よく拒絶しました。改正への壁の厚いことを思い知らされた新政府は、時間をかけて取り組むことに方針を変更せざるを得ませんでした。使節団の派遣を発議したのは、条約改定御用掛参議の大隈重信でした。ところが、大久保は、条約改正の成否は政権内の主導権争いに後々影響すると考えたのです。肥前出身の大隈の存在は薩長主流派にとっての危機であるとの警戒心で、木戸と図って大隈使節阻止の行動に出たのです。岩倉を担げば大隈を抑え得るとの判断で岩倉使節団を誕生させたのです。

明治四年（一八七一）一一月一二日、右大臣岩倉具視が特命全権大使となり、長州出身の参議木戸孝允・大蔵卿大久保利通が副使を務める岩倉使節団が出発しました。他の乗船員は、工部大輔伊藤博文・外務少輔山口尚芳ら四六名の随従者一八名、さらに留学生四三名を加えた総勢一〇七名が横浜港を出港し、約一年一〇カ月間、米、英、仏、ベルギー、蘭、独、デンマーク、スウェーデン、伊、オーストリア、スイスの一二か国を回り、明治六年（一八七三）九月一三日に帰国したのです。

岩倉使節団の使命は①条約締約国への国書の捧呈、②米欧各国の制度・文物の調査、③条約改正の予備交渉でした。相手方の状況の把握ができておらず、大久保と伊藤が全権委任状を取りに一時帰国するなど準備が周到ではなかったこともあり、改正交渉は大失敗に終わりました。とはいえ、使節団は、首脳の薩長の実力者、書記官は旧幕臣、理事官は各省派遣の専門官という構成で、一九世紀一八七〇年代の国際社会における大国と小国、先進国と後進国の実情を、政治・経済・社会・軍事・産業・教育・文化等あらゆる分野についてつぶさに調査・洞察し、日本近代化へ多大の貢献をしました。

しかし、そのような岩倉使節団の功績については日々の困窮生活に追われている国民の理解は得られませんし、目には届きません。国内は、戊辰戦争という全土に波及した戦災から復旧していないのです。条約改正失敗の知らせは、国民にとって鬱積した怒りをぶつける格好の標的となりました。

「国民が飢餓に瀕しているのに、大金を浪費して長期間、世界中を豪遊して歩くとは何事か」というわけです。大久保にとっては、大恩ある旧主久光を裏切って廃藩置県を断行させて恨みを買い、その上、自分が画策した岩倉使節団の失敗が重なったのですから、その落胆ぶりは深刻なものでした。帰国後はしばらく出仕せず、薩摩出身で大阪経済界の重鎮となっていた五代友厚を訪ねて、多額の資金援助金受けて湯治三昧にでかけたのでした。

留守政府（内閣）の業績

岩倉使節団が日本を留守にしている間、留守を預かったのは太政大臣三条実美を頂点に、西郷隆盛、井上馨、大隈重信、板垣退助、江藤新平、大木喬任《たかとう》らによって結成された留守政府（留守内閣）でした。太政大臣の三条は公家ですから、実態は西郷を首班とする内閣と見ることができます。岩倉使節団は、出発前にこの留守政権と「大臣・参議・大輔盟約」という盟約書を交わしています。その第六条には「内地の事務は大使帰国の上で大いに改正するの目的なれば、其内可成丈新規の改正を要す可らず」とあります。つまり、留守中に勝手に改革するなというのです。

その一方、第七条では「廃藩置県の処置は内地事務の統一に帰せしむべき基なれば、情理を遂て順次其効を挙げ、改正の地歩をなさしむべし」として、廃藩置県の後始末については速やかに行うべしと指示していたのです。ところが、留守内閣の首班は明治維新の立役者で実力者の西郷ですから、封建的身分制度や、士族の特権と家禄制度の改革など数々の改革を実現させたのです。主なものを年代順に挙げてみますと

四民の土地売買の解禁、郵便制度の施行、戸籍法公布、新貨条例の制定、廃藩置県の断行、学制の発布（義務教育制）、僕婢・娼妓の年季奉公の禁止（人身売買禁止令）、国立銀行

条例の制定、国民徴兵令布告、太陽暦の採用、キリスト教解禁、地租改正等々。

留守内閣への国民の高い評価は、岩倉使節団に参加していた大久保利通や伊藤博文の嫉妬心を駆り立てました。「嫉妬に狂う」という表現は愛情の深さを示しますが、人の最も激しい感情は嫉妬であるともいわれています。留守内閣で評判を高めた西郷への嫉妬心と、傷ついた自尊心が明治六年（一八七三）の政変（征韓論政変）という事態を招いたのです。岩倉使節団は留守政府と盟約書を交わして「勝手に改革などを行ってはならない」と約束していたのに、西郷らの留守内閣は次々に大改革を行い、江藤新平を参議に就任させるという人事も行ったのです。さらに、使節一行が帰国する直前の閣議で、西郷の朝鮮派遣が内定していました。

帰国した使節団の岩倉は、二日後に帰朝報告のために太政大臣三条実美を訪問しました。その折、三条は、大久保と木戸を政府に出仕させねばならないと岩倉に訴えたのです。

帰国した使節団の木戸は、世間を騒がせている長州の山縣有朋と同じく長州出身で、司法卿江藤新平の厳しい追及を受けている大蔵卿井上馨の二人の不祥事もみ消しのために奔走していました。しかし、大久保と伊藤の二人は、自分たちこそ明治維新の立役者であるとの強い自負心を持っていましたから、留守内閣の首班西郷追い落としへと動き出したのです。

伊藤博文の構想は、まず、岩倉使節団内部で不仲であった岩倉、木戸、大久保らの関係を修復し、岩倉を軸に木戸と大久保で自陣を固めることでした。四人には使節団の大失敗という共通認識と、留守内閣に対する妬みの気持ちを共有していましたから、伊藤の粘り強い努力が実って、四人の和解は実現しました。そして、太政大臣三条と右大臣岩倉の要請で大久保と木戸の参議復帰が実現したのです。

第九章　明治六年の政変と西郷の下野

西郷の遺韓論

明治六年（一八七三）八月一七日、留守内閣の閣議は西郷を朝鮮へ全権大使として派遣することを決定していました。しかし、岩倉使節団の帰国後の一〇月一四日から一五日に開かれた閣議で、朝鮮使節派遣問題が改めて協議されることになりました。はじめは賛否が同数でしたが、西郷が自分の意見が通らないなら参議を辞任するという強硬発言をすると、小心者の三条太政大臣は、西郷の勢いに圧倒されて西郷派遣を決定すると言ったのです。すると、大久保、木戸、大隈、大木が辞表を提出し、岩倉も辞意を表明しました。

第一章で述べましたが、西郷は日本にとって最も警戒すべき相手はロシアであると考えていました。ですから、日本は清国および朝鮮と協力してロシアの脅威に備えねばならないと考えていたのです。当時の西郷の関係者への手紙や発言の片々はともかくとして、彼の本心は残されている唯一の公式文書に見ることができます。それは、政変中の明治六年（一八七三）一〇月一五に太政大臣宛に出された「始末書」です。留守内閣の閣議で、居留民保護のために李氏朝鮮の暴挙に対して一大隊を急派せよとの意見が出ました。しかし、西郷は「始末書」で次のように述べています。

（派兵は）「決して宜しからず」、（なぜなら）「是よりして闘争に及ぶ」（場合は）「最初の御趣意」（に反するからです。そこで）「公然と使節差し立てらるる」（のが至当で、もし朝鮮側が）「交わりを破り、戦を以て拒絶」（したとしても、先方の）「意底慥《たし》かに相顕《あいあらわ》れ候ところ迄は」（交渉を尽くせば）「人事においても残る処これあるべく」、（ましてや使節に対して）「暴挙を」（計るのではないかとの）「御疑念」（をもって、あらかじめ）「非情の備え」（戦争準備をしておいてから使節を派遣するのは）「礼を失せられ候えば」、（そうすることなく両国間の）「厚誼を厚く」（したいという）「御趣意」（を貫徹したいものである。）。

この「始末書」の存在意義と西郷の真意について毛利敏彦の著書『明治六年政変』が世に出てから、歴史研究者の多くは、西郷を征韓論者ではなく遣韓論者であったとしています。

*なお、（　）は筆者による。

三条は悩み抜くことになりストレスからか、一七日に倒れ、意識不明に陥ったとされていますが、仮病であったかもしれません。そのため、太政官職制に基づき、二〇日に右大臣岩倉が急遽太政大臣代理となって三条に代わって閣議を主宰することになりました。二三日に西郷、板垣、副島、江藤が岩倉邸を訪れ西郷派遣決定の上奏を要求しましたが、岩倉は「三条太政大臣による派遣決定は上奏するが、太政大臣代理である私の意見も上奏する」と主張したのです。

翌二三日に岩倉は両論を上奏し、明治天皇は岩倉の意見を採用したのです。明治天皇は、岩倉らが担ぎ出した一五歳の青年で、この当時は岩倉の言いなりでした。岩倉、大久保、木戸、伊藤ら岩倉使節団の四人にとって、朝鮮使節派遣問題などは打倒西郷の口実にすぎず、自分たちの名誉回復と政権奪取が目的でした。その後の朝鮮に対する日本外交がそのことを裏づけています。大久保は、事前に宮内卿徳大寺実則《さねつね》に、西郷らが天皇に直訴しにきても会わせないようにと根回しをしていました。このときの大久保の周到さは政権掌握への執念を示すものといえましょう。

これら岩倉と大久保の一連のクーデター計画は「一の秘策」として知られる伊藤の謀略でした。大久保は、この事変後に内務省を設置し自ら初代内務卿（参議兼任）に就任しました。西郷が去った後の政権は一般に「大久保政権」と呼ばれるほどで、大久保が独裁的に権勢を誇ることになりました。現在に至る日本の官僚機構は大久保によってその基礎が築かれたのです。

岩倉使節団組の暴挙に、西郷はじめ板垣、後藤、江藤、副島ら五名は参議の辞表を提出し、受理されました。西郷と板垣、後藤に近い官僚や軍人も大挙して下野したのです。

これが、明治六年（一八七一）の政変（征韓論政変）の概略です。これによって四人組は西郷と江藤らを政権から追い出すことに成功したのです。

現代の私たちが歴史を振り返れば、薩長土肥の後ろ楯を持たない公家の岩倉は新政府の中で実権を持ち得ませんでしたし、西南戦争中に木戸が病死し、その翌年に大久保が暗殺されてからは、棚ぼた式にすべての権力的遺産は伊藤が受け継ぐことになりました。その後の日本は、神聖政治の国家として、日清戦争、日露戦争、アジア太平洋戦争へと進んで、数千万の外国人を殺戮し、自国の数百万の人々を死なせ、国土を灰燼に帰したことは忘れてはならない事実です。

第一〇章　西南戦争

全国に広がる士族の反乱

旧藩主や高級貴族は東京に住み、安定した生活をはじめました。戊辰戦争の中心的存在であった薩長土肥の士族は新政府軍や警察官として職を得ましたが、その他の全国の士族は、廃刀令で武士の身分的特権である帯刀が禁止され、秩禄処分で家禄も失い悲惨な状況に陥ったのです。そのため、各地で明治政府に反対する士族の反乱が起こりました。下野した江藤新平が故郷で巻き込まれた佐賀の乱（明治七年＝一八七四）、熊本県では神風連の乱（明治九年＝一八七六）、福岡での秋月の乱（明治九年＝一八七六）、山口県では萩の乱（明治九年＝一八七六）などです。これに対し、政府は反乱軍の二倍以上の兵を投入し鎮圧しました。

西郷の下野と西郷暗殺計画

明治六年（一八七三）の政変で、新政府に失望した西郷は下野して故郷の鹿児島に帰りました。西郷と共に戊辰戦争を戦い新政府の役人となっていた多くの人材も西郷の後を追って帰郷したのです。その後の西郷は、私学校教育に打ち込みました。鹿児島県令であった大山綱良の協力を得て、県政の大部分を私学校関係者が握ることになっていきました。私学校教育は、欧米列強と対等な関係を築くために外国人講師を採用し、外国語や西洋文化を学ばせる一方、強固な軍隊の創設を目指した軍事教育も行いました。西郷が特に警戒していたのが、ロシアであったことはすでに述べてきました。

中央政府、特に猜疑心の強い大久保は、西郷の私学校に警戒心を強めました。内務卿となった大久保は、各地の反乱に密偵を送り動向を探るという手法をとっていました。大久保は、鹿児島出身の大警視川路利良を使って鹿児島の動向を探らせたのです。

明治一〇年（一八七七）一月、川路は部下の警察官二四名を帰郷の名目で鹿児島に送り込み、内部偵察させたのです。ところが、送り込まれた密偵は、私学校徒に捕縛され、苛烈な拷問が行われた結果、川路大警視が西郷を暗殺するよう指示したと自白し、「自白書」が取られたのです。

また、二月三日には密偵の野村綱が県庁に自首してきました。彼は、自分が大久保から鹿児島県内の密偵を依頼されたと自供したのです。私学徒は、西郷暗殺計画に大久保が関与していると考えたのです。

二月二日には、政府は秘密裏に赤龍丸を派遣し、鹿児島にあった陸軍省砲兵属廐から武器弾薬を大阪へ搬出したのです。当時、日本陸軍はスナイドル銃を主力装備としていました。そのスナイドル銃の薬莢部分の大量生産技術は、薩摩藩の集成館事業の技術の継承で生まれたのです。陸軍省砲兵属厩は、いまは政府の管理下にあるとしても、もともと自分たち薩摩藩の拠出金で作られたり購入した武器、弾薬の倉庫であり製造工場だったのです。私学校徒にとっては、政府に盗み出されたという心境でした。

西郷暗殺計画と武器弾薬の盗み出しとが重なっては、私学校徒は暴発状態となり、県内各地の火薬庫を襲撃し武器弾薬を掠奪したのです。決起の意思のなかった西郷は、小根占でこの知らせを受けると「ちょしもたー」（しまった）という言葉を発して、鹿児島の私学校に戻ったのでした。政府を牛耳る大久保らの挑発に乗ってしまったという無念の思いだったのです。

西郷軍の結成と征討軍の派遣

私は、取材のために鹿児島に入った折、西郷の墓所を訪れました。西郷を囲むように墓碑が並んでおり、一四歳の少年数人の名も刻まれていました。墓地の入り口には、勝海舟の歌碑がありました。

ぬれぎぬを

干そうともせず
子供らが
なすがままに
果てし
君かな

西郷をよく知り、互いに認め合っていた勝海舟のこの歌碑は、西南戦争の実相と西郷のかかわりをよく伝えています。

二月四日、西郷は幹部たちを従えて旧厩跡の私学校に入り、翌五日に私学校幹部および分校長ら二〇〇名による大評議が行われました。篠原国幹《くにもと》が議長を務めましたが、議論百出でした。議論に終止符を打ったのは桐野利秋でした。桐野は、「総出兵のほかに採るべき途ない」と提言し、多数の賛成を得ました。西郷はこのとき、何も語りませんでした。自身のすべてを彼らに委ねる決意を固めていたのです。

二月六日、私学校本校に「薩摩本営」が設置され、熊本城に兵の一部を割き、主力は陸路で東上する策が採用されました。二月八日には、篠原によって薩軍の部隊編成が開始されました。いずれの大隊も一〇個小隊からなり、各小隊は約二〇〇名で、合計二〇〇〇名からなっていました。加治木外四郷からも募兵し、約一六〇〇名からなる大隊が編成されました。しかし、この大隊は他の大隊に比べ、人員も少なく装備も劣っていたようです。二月一三日には大隊編成を完了しました。このほかに、本営付護衛隊（隊長淵辺）が狙撃隊を率いて西郷を護衛することになりました。

西郷の主だった側近らは、桐野が軍需品の収集調達、村田新八が兵器の調達整理、永山弥一郎が新兵の教練、池上が募兵をそれぞれ担当しました。

その間の二月九日に、西郷の縁戚にあたる川村純義中将が、政府の使者として軍艦に乗って西郷に面会を求めてきましたが、私学校徒らによって面会は許されず、鹿児島湾内の艦船上で県令大山綱良と会見すると帰京してしまいました。大山は、川村に説得を断念させるために、薩軍はすでに東上したと伝えました。実際に西郷軍が出陣したのは一五日でした。川村は、長崎へ警戒するようにと打電したのです。ちなみに、日本での電報サービスは明治二年に開始されており、政府はそれを活用して熊本鎮台とも連絡を取っていました。

出陣前夜に、西郷は薩摩藩の名門日置島津家の桂久武を訪ね酒を酌み交わし、長年の交誼に感謝して別れを惜しみました。

二月一五日、六〇年ぶりといわれる大雪の中、薩軍の一番大隊が熊本方面へ出陣し、一七日には西郷が桐野と共に出陣しました。これを見送りに行った桂は、何かと西郷を支えて友情を培っていましたが、貧弱な輜重《しちょう》を見て急遽従軍を決意して大小荷駄本部長（輜重隊の総責任者）となりました。鹿児島から帰京した川村中将の報告を受けた政府は、二月一〇日に鹿児島県逆徒征伐の詔を発し、ここに西南戦争開戦が決定したのです。

熊本城攻撃

明治政府は、有栖川宮熾仁親王を鹿児島県逆徒征討総督（総司令官）とし、実質的総司令官になる参軍（副司令官）には山縣有朋陸軍中将と川村純義海軍中将を任命しました。これは、陸軍と海軍の勢力争いを回避するためでした。

二月二〇日、別府晋介率いる加治木の諸隊が川尻に近づくと、熊本鎮台から派遣された偵察隊が別府の隊に発砲し、西南戦争の火蓋が切られました。鎮台とは、御親兵の後を継ぐもので、日本陸軍の編成単位であり師団の前身です。熊本鎮台は、土佐の谷干城少将が司令長官でした。政府は、西郷軍が熊本鎮台へ攻め上ることを電信で知らせていたのです。

二月一九日、熊本城内で火災が発生しました。これは、背水の陣を引くための自焼であったと見られています。

熊本鎮台からの攻撃を予想していなかった西郷軍は、二一日、川尻で軍議を開きました。当初の予定どおり「熊本に抑えを置き、主力は東上する」という意見と篠原の「全軍による熊本城強襲」という意見が対立しましたが、篠原の強襲策が採用されました。この軍議に西郷は参加していません。このときの戦力比は西郷軍一四〇〇〇人に対し鎮台軍は四〇〇〇人でした。

西郷は戦闘中に、遅れて到着したのです。西郷は、自らは戦闘の指揮は取らず私学校徒に身を任せるという姿勢を崩しませんでした。

戦いの緒戦は西郷軍有利に展開しました。しかし、熊本城総攻撃は成功しません。熊本城は加藤清正が築城した堅固な城でした。簡単には攻め落とせないと判断した西郷軍は、本荘に本営を移し、深夜に軍議を開いて、主力を熊本城強襲にあて、一部を小倉に送ることに決めました。西郷軍が足踏みしている間にも政府軍の大援軍は、陸軍は南下を始め、海軍も海からの攻撃に向かっていたのです。危機が迫る中で、西郷軍は少ない大砲と、鎮台兵より装備が劣っていた小銃では堅城の熊本城を攻め落とせず、攻撃はことごとく失敗を重ねて優秀な兵員を消耗するばかりでした。西郷に「おいは、清正公に負け申した」と嘆かせたのでした。

田原坂の戦い

三月一日から三一日までの一カ月間、現在の熊本市の田原坂・吉次峠で激戦が繰り広げられました。

雨は降る降る
人馬は濡れる

越すに越されぬ
田原坂

民謡・俗謡として歌い継がれている田原坂の戦いです。

吉次峠では、三月四日に、西郷軍は政府軍を撃退しますが、西郷の右腕であった篠原国幹が戦死しました。

政府軍は、主力を田原坂・吉次峠へ向け、別動隊を山鹿に陣を張る桐野部隊に備えさせました。熊本城では、少数の鎮台軍が大軍を率いる西郷軍を食い止めましたが、城外では圧倒的な兵力の政府軍が、地形を知り尽くした西郷軍の抜刀白兵戦に翻弄させられたのです。

政府軍は、田原坂を正面から攻めるのをあきらめて、西側から横平山を奪う作戦を取りましたが、失敗しました。さらに、西郷軍の抜刀隊に対抗して警視隊の中から剣術に秀でた者を選抜して抜刀隊を編成しました。そして、二〇日早朝、政府軍は開戦以来の最大の兵力を投入し、雨の中、二股の横平山の砲兵陣地から田原坂一帯に大砲撃をした後、突撃作戦にでたのです。西郷軍は猛砲撃と大雨のため応戦が遅れ植木方面に敗走を余儀なくされたのです。この戦いでの政府軍の死者は四九五人でした
田原坂・吉次峠の戦いは、西南戦争の分水嶺となった激戦でした。この後、西郷軍は敗走することになりました。政府軍は、熊本鎮台救援に向けて大きな一歩を踏み出したのです。

西郷軍は、主力が移動した後も、熊本城の包囲作戦を続けていましたが、政府の海軍が上陸作戦を展開すると包囲網は破られ、戦線も南部と東部に移りました。

四月一四日、桐野利秋は、熊本隊大隊長池辺吉十郎の建議により、二本松の本営を木山に移しました。その後の城東会戦で敗れた西郷軍は、四月二一日の矢部浜町の軍議で、全軍を二手に分けて椎原越えで人吉へと退却することにしました。四月二七日、人吉盆地に入った西郷軍は、本営を人吉に移しました。そして、翌日桐野は軍議を開き、人吉に病院や弾薬製作所を設けることなどが決められました。さらに、人吉を中心に南北に両翼を張る形で各方面に諸隊を配置することが決められました。

さて、このころ、桐野は宮崎から鹿児島方面および豊後等の軍を統監していましたが、新しい根拠地を求めて宮崎支庁を占拠し、五月二八日に軍務所と改称しました。その後、人吉が危険となったため、狙撃隊二〇〇〇名の護衛をつけて西郷を軍務所へ移動させたのです。五月三一日、西郷が軍務所に着くと、ここが西郷軍の新たな本営となりました。そして、財政立直しの策として、西郷札（手形）が作られたのでした。西郷軍が敗退すると、これは空手形となったのですが、西郷を信頼する人々が多数存在したことがわかります。

六月一日早朝、政府軍が次々に人吉に突入しました。そして、村山台地に砲台を設置して西郷軍の球磨川南部を砲撃しました。これに対して村田新八率いる西郷軍も人吉城二ノ丸に砲台陣地を設けて砲撃をしましたが、大砲の射程が短いため砲弾は届かず、永国寺や城下町を焼いてしまったのです。戦いは、三日間続きましたが、西郷軍は堀切峠を越えて飯野へと退却しました。その後、大口方面の戦いで敗れた西郷軍は、宮崎の軍務所へ、そして、ついには鹿児島へと敗走することになるのです。

終章　我が国籍は天にあり

城山にて

西郷の城山での最期を、鹿児島県出身の歴史小説家海音寺潮五郎は『寺田屋騒動』で次のように記しています。

城山における彼の最後を、世の多くの人は自殺といっていますが、自殺ではありません。門弟らがしきりに、もうこのへんで、もうこのへんで、と自殺をすすめるのに、

「まだまだ、まだまだ」

といって、雨のように弾丸の飛んで来るなかを、門弟らの舁《か》く山駕籠を進めさせ、一弾が下腹部を貫くと、はじめて、

「晋どん、もう良かろう」

と別府晋助に言って駕籠をすえさせ、東方を遥拝して、別府に首を刎《は》ねさせているのです。天命尽きたと納得したから、死んだのです。断じて自殺ではありません。自殺しては、西郷の「敬天愛人」の信仰哲学は一角が崩れます。

キリスト者としての西郷の死

西郷は西南戦争において、作戦を練ることも戦闘の指揮を執ることもしませんでした。私は、前章で西郷の墓所の入口に勝海舟の歌碑があることを紹介しました。

「ぬれぎぬを　干そうともせず　子供らが　なすがまにまに　果てし　君かな」

と刻まれた句にある「子供らが　なすがまにまに」が、そのことを示していると思うのです。西郷は、新しい日本建設のために戊辰戦争を戦い抜きました。獅子奮迅の活躍で勝利しましたが、彼はそれに酔い胸を張る武人ではなく、八〇〇〇人の命を奪ってしまったことに深い心の痛みと罪の意識を感じ取れる人間だったのです。それゆえ、新政府の要人たちの華美な生活ぶりに怒りを発し心痛めたのでした。己の欲望は抑え、常に民の幸せのために心砕いたのです。大久保ら新政府の卑劣な仕打ちによって暴発させられた私学校の教え子や仲間のために、やむを得ず担ぎ上げられて戦いに臨んだのです。幸若舞の「敦盛」に人間五〇年とありますが、そのように考えられた時代でしたから、西郷は波乱の生涯を全うしたと言えましょう。

西郷隆盛は、城山で武士の矜持を守って切腹して果てたのでは決してありません。それは、キリスト教信仰を持つ者として、復活の、永遠の命の確信と希望を持つ者だけが迎え得る死だったのです。世の煩いと苦悩と死の恐怖から解き放たれた死、人種や国籍の違いを超えて、天に国籍を持つ者に約束された、恵みの旅立ちとしての死だったのです。

あとがき

本書の執筆にあたり、多くの方々にお世話になりました。

敬愛学園の長戸路政行学園長には、大学図書館（メディアセンター）所蔵の『敬天愛人』をはじめ貴重な西郷関係資料を自由に利用する便宜を与えていただきました。西郷関係の史料について、島津斉彬は、遺言で秘書類を焼却させましたし、慶応三年（一八六七）には薩摩藩江戸藩邸が焼失し、明治四年（一八七一）の廃藩置県の際には、旧藩関係の書類は焼却されました。そういうわけで、特定の意図をもって書かれたもの以外の原史料に少ないのです。歴史は勝者が書くものですから、西南戦争で朝敵となった西郷研究には、鹿児島の歴史家や郷土史家を中心に連綿と続けられている西郷隆盛研究年報『敬天愛人』は貴重な歴史資料といえましょう。

また、敬愛大学准教授の角田叡氏にご協力と助言そして励ましをいただきました。鹿児島県在住の坂本陽明神父は、西郷研究家であり上京の折々に何度も議論を交わし貴重な知見を与えられました。西郷南洲顕彰館の当時の館長高柳毅氏には直接ご教示いただきました。鹿児島出身の友人下之薗修氏は、地元の川辺一族の関係資料の収集などに奔走してくれました。横浜在住の同信の先輩・鈴木政次氏は、西郷の洗礼証書の有無を調査していただき、助言もいただきました。その他、多くの知人友人に助けられ励まされて、沈みかけながらもようやく岸辺に辿り着いた心境です。皆様に心より感謝申し上げます。

最後に、キリスト新聞社の松谷信司社長と金子和人氏に謝意を表します。

参考文献

有馬藤太著・上野一郎編『私の明治維新―有馬藤太聞き書き』産業能率短期大学出版部
上垣外憲一『勝海舟と幕末外交―イギリス・ロシアの脅威に抗して』中公新書
上田　滋『西郷隆盛の悲劇』中央公論社
小川原正道『西南戦争―西郷隆盛と日本最後の内戦』中公新書
海音寺潮五郎『寺田屋騒動』文春文庫
加治将一『西郷の貌―新発見の古写真が暴いた明治政府の偽造史』祥伝社文庫
『角川日本史辞典』角川書店
川辺町教育委員会『清水磨崖仏群―鹿児島県川辺郡川辺町清水　川辺町教育委員会』
芳即　正『島津斉彬』吉川弘文館
上妻博行編著、花岡興輝校訂『肥後切支丹史』〈原題：細川藩切支丹史〉エルピス
（財）庄内南洲会編『南洲翁遺訓』（財）庄内南洲会
西郷南洲顕彰館『敬天愛人』各巻
坂本陽明『キリシタンの世紀―新井白石とシドッチ』イー・ピックス
坂本陽明『大西郷の悟りの道―「敬天愛人」とキリスト教』南方新社
佐々木克『幕末政治と薩摩藩』吉川弘文館

佐々木克『戊辰戦争─敗者の明治維新』中公新書
佐高　信『西郷隆盛伝説』角川文庫
佐波亘編『植村正久と其の時代』教文館
高谷道男編訳『S・R・ブラウン書簡集─幕末明治初期宣教記録』日本基督教団出版部
長戸路信行『野の花』エルピス
長戸路信行『敬愛への里程』千葉敬愛学園・長戸路学園
坂野潤治『近代日本の国家構想　一八七一─一九三六』岩波現代文庫
坂野潤治『西郷隆盛と明治維新』講談社現代新書
坂野潤治『日本近代史』ちくま新書
坂野潤治・大野健一『明治維新　一八五八─一八八一』講談社現代新書
毛利敏彦『明治六年政変』中公新書
守部喜雅『聖書を読んだサムライたち─もうひとつの幕末維新史』いのちのことば社
守部喜雅『西郷隆盛と聖書──「敬天愛人」の真実』いのちのことば社
吉村　昭『生麦事件』上・下　新潮文庫

舘　正彦（だて まさひこ）

1941年北海道生まれ。同志社大学法学部卒。
㈱教文館勤務を経て、㈱エルピス代表取締役。
編集者・作家。

編著書　日中共同制作『写真集・南京大虐殺』、六聖書対照新約全書『日本語ヘクサプラ』、改革教会礼拝歌集『みことばをうたう』、『中高生からの平和憲法Q&A』（共著）他

西郷隆盛とキリスト教信仰

2019年1月21日　第1版第1刷発行

著　者　舘 正彦

発行所　株式会社 キリスト新聞社
出版事業課

〒162-0814　東京都新宿区新小川町9-1
電話 03（5579）2432
URL. http://www.kirishin.com
E-Mail. support@kirishin.com

印刷所　モリモト印刷

ISBN978-4-87395-751-7　C0016（日キ販）

Printed in Japan